Mal gusto

Mal gusto

Mal gusto

Mal gusto

O la política de lo feo

Nathalie Olah

Traducción de
Inga Pellisa

Papel certificado por el Forest Stewardship Council®

Penguin
Random House
Grupo Editorial

Título original: *Bad Taste*

Primera edición: abril de 2025

Printed in Spain – Impreso en España

ISBN: 978-84-19951-78-6
Depósito legal: B-2.645-2025

Compuesto en Comptex&Ass, S.L.
Impreso en Black Print CPI Ibérica
Sant Andreu de la Barca (Barcelona)

C 9 5 1 7 8 6

Índice

Para Brian Smith

1

Los hacedores del gusto

Consideremos el sentido exacto en el que se afirma que determinada obra de arte es de «buen o mal gusto». No significa que esto sea cierto o falso, que sea hermosa o fea, sino que solo nos dice si se ajusta o no a las leyes de preferencia impuestas por ciertos modos de vida, o a la disposición mental que genera cierto tipo de educación.

JOHN RUSKIN, *Pintores modernos*,
volumen III (1888)

Para mí, el mal gusto es la esencia del entretenimiento. Que alguien vomite viendo una de mis películas es como recibir una ovación cerrada.

JOHN WATERS, *Shock Value* (1981)

Dos Johns, tan distintos como puedan serlo dos personas, y preocupados no obstante por el mismo tema: el *gusto*, o aquello que gobierna nuestras filias y fobias. Puede que Ruskin, crítico y polímata del siglo XIX, y Waters, *énfant terrible* del cine de finales del XX, responsable de clásicos como *Pink Flamingos* (1972), *Hairspray* (1988) y *Cry-Baby* (1990), no sean muy de la misma cuerda, ni del mismo universo siquiera. Mientras que Waters se esforzó por liberar el vello púbico con escenas de sexo repletas de él, cuentan (en la que tal vez sea la leyenda urbana más extendida, y más refutada, de toda la historia del arte) que Ruskin recibió con reparos su presencia en el cuerpo de su esposa, lo que desembocó en la anulación del matrimonio. Entre una cita y otra, sin embargo, encontramos un perfecto resumen de cómo ha evolucionado mi postura en cuestiones de gusto a lo largo de los años. Lo que en su día me inspiraba resistencia y desdén, como dice Waters, sigue inspirándome lo mismo, solo que ahora ha venido a sumársele un componente de curiosidad por las fuerzas sociales que impulsan esa repulsa, como dice Ruskin. El peso de adecuarse a las nociones del buen gusto, a las que he tratado de sobreponerme siempre con una presencia desaliñada o miserable, ha terminado por convertirse en tema de estudio.

Este cambio comenzó a darse a raíz de mi laxa implicación en diversas causas políticas. Viajando fuera de Londres, donde vivo, y observando las interacciones entre personas que tenían mucho más que ganar si se entendían entre ellas que si no, pero divididas, sin embargo, por líneas superficiales extrañamente basadas en la ropa que vestía el otro, en cómo se peinaba, o en el interiorismo que había escogido para su hogar, decidí que hacía falta un libro sobre el tema. Una y otra vez, las presunciones en torno a la riqueza, al estilo de vida y a la afiliación política del otro quedaban en evidencia, al tiempo que surgían conversaciones improbables entre personas que se veían obligadas a reconocer lo errado de sus juicios. Los estereotipos de una existencia pequeñoburguesa y adocenada, objeto de innumerables memes de internet —los Fiat 500, los colgantes de *Vive, ama, ríe* en la pared—, no suponían mayor garantía de los valores conservadores que pudiera tener alguien, resulta, de la que aportaban el pelo rosa, un piercing en el *septum* y una bicicleta de los valores contrarios. Las guerras culturales creadas por ciertos líderes políticos, y amplificadas por los medios, habían generado un clima en el que cada uno de nosotros quedaba reducido a su apariencia de un modo que obstaculizaba nuestra capacidad para discernir la verdad.

Muchos de mis colegas se han desentendido de este tema, y con razón: a nadie le apetece que lo acusen de obcecarse con las trivialidades que menoscaban nuestras políticas. Pero obviar lo que presencié frente a ciertas puertas y en determinados centros cívicos equivale a obviar las condiciones que permitieron, ya para empezar, que se entablaran dichas guerras culturales. Leyendo a Ruskin y a otros, terminé comprendiendo que las nociones del gusto pueden vincularse a la riqueza y al poder, y formar una de las dimensiones más emocionales, y más socialmente excluyentes, del sistema de clases en el que vivimos.

He descubierto, no obstante, que este tipo de afirmación tiende a malinterpretarse, y a utilizarse para justificar erradamente la denostación de artistas e intelectuales. Por hacer un ligero matiz a la cita de Ruskin, en un contexto contemporáneo, al menos, creo que la «educación» y los «modos de vida» dan lugar a resultados algo distintos, y quiero dejar clara desde el principio la diferencia entre gusto y experiencia. Las disciplinas no son elitistas por el hecho de precisar un aprendizaje: no es acertado decir que el arte o la literatura, o cualquier otra disciplina, para el caso, son excluyentes porque su comprensión exige tiempo y esfuerzo (si bien es justo decir que los extras tanto de tiempo como de esfuerzo solo están inmediatamente al alcance de los ricos, pero ya entraremos en ello más tarde). Tal creencia —la de que las materias especializadas representan una suerte de tiranía— lleva a ciertos famosos ególatras, por ejemplo, a dar por hecho que ellos también pueden dedicarse al arte (diciéndose, por lo visto, que «no será tan difícil». Bueno, pues si uno ha contemplado alguna vez uno de esos cuadros que nos han intentado vender infinidad de actores y exmúsicos, se diría que lo es bastante). Y también lleva a demandar una obra como la de Damien Hirst, que ha abrazado el «arte como negocio» con un modelo de producción en masa similar en espíritu a la obra de los artistas pop de medio siglo antes (aunque desprovisto, decisivamente, de su ingenio para la crítica social), o como los NFT de monos aburridos generados por algoritmos que los ricos iban exhibiendo por ahí con estúpido orgullo hace más o menos un año.

Lo que es elitista, excluyente y causa legítima de agravio, en mi opinión, es que ciertas personas —consumidores, para ser más exactos— que no dominan un tema determinado, pero que extraen un sentimiento de superioridad del hecho de haber aprendido un sistema de reglas con las que simular conocimiento, utilicen ese saber de oídas como arma. Es la reducción del aprendizaje a códigos estéticos. O, por decirlo más llanamente, es el «buen gusto» haciéndose pasar por cultura.

Estas reglas, o códigos, o el término con el que prefiramos referirnos a los dictados del buen gusto por los que tanta gente se guía, y que he usado como subtítulo para cada capítulo de este libro, acostumbran a ir ligados a cuestiones de estilo de vida y consumismo y constituyen *lo que toca*, sin necesidad de que nadie comprenda o explique exactamente por qué. Y, aunque esta intolerancia pueda parecer inocente a primera vista, sin mayores consecuencias para los implicados, la intención de este libro es en parte la de poner de relieve que las ideas acerca del gusto pueden contener, y ayudar a proteger y a normalizar, un gran número de prejuicios dañinos y pertinaces.

Cuando hablo de esta fijación con las cuestiones de gusto, me refiero a la tendencia que destilan revistas como *How to Spend It* [Cómo gastárselo], que publica semanalmente el *Financial Times* y cuyo título sintetiza a la perfección la huida hacia delante del capitalismo tardío, y a la necesidad de ganar más y más dinero por motivos que al interesado a menudo se le escapan, hasta un punto que me resulta casi hermoso, poético, incluso. Pero, por descabellado, vacuo y superficial que resulte, perfeccionar el arte del consumismo parece ser lo que impulsa a millones de personas a seguir remando; a redoblar esfuerzos; a ver a sus conciudadanos, a sus compañeros de trabajo, como elementos de competencia y rivalidad, y no como amigos y aliados, y, de resultas, a denigrar y ridiculizar a los demás. Esta dinámica genera inseguridad y vergüenza, y se las sirve en bandeja a quienes medran con la división, que las explotan y orquestan campañas ruidosa, camorrera e incendiariamente reconfortantes.

Soy tan culpable como cualquiera de consolarme con evidencias acerca de la superioridad de mi juicio estético, pero también me he sentido en ocasiones castigada por esa misma tendencia. Es por ello que, a lo largo de este libro, recurriré a una combinación de investigación y experiencia personal. Porque decenas, si no cientos, de momentos me invaden la memoria cuando me pongo a pensar en las diversas maneras en que me rebelé, en un primer momento, contra las ideas del buen gusto, y en cómo terminé amoldándome a ellas de mala gana para poder sobrevivir. No vengo de una familia rica, de modo que muy pronto comprendí que mi seguridad dependía de lo bien que lograse emular las costumbres sociales y las preferencias de quienes ostentaban el poder: los profesores, el equipo de admisiones de la universidad, los reclutadores de personal, los directores de banco y los agentes inmobiliarios. Pero describir con detalle cualquiera de estas interacciones sería aburrido, casi demasiado obvio. Lo más interesante, para mí, son las vías por las que las cuestiones de gusto moldearon incluso mis recuerdos más tempranos y el papel tan fundamental que han debido de tener siempre en mi visión del mundo.

EL REFUGIO DE LA CHUSMA

La historia comienza, pues, en el videoclub de Rubery High Street, en South Birmingham, cerca de la casa de mi abuela, donde pasé gran parte de mi infancia. El videoclub es uno de esos entes obsoletos que tan bien resaltan el paso del tiempo. Puede que hoy en día la vida no sea tan distinta de la de treinta años atrás, al menos en Reino Unido, pero el videoclub es una de las pocas excepciones, y desprende sin duda el provincianismo pintoresco de una época pasada. Los lectores más jóvenes quizá se compadezcan de los que nacimos antes del 2000 y tuvimos que explorar físicamente los pasillos, escoger una carátula, esperar a que el dependiente se escabullese en su pequeño almacén para meter en la funda la cinta correspondiente y luego devolver esa misma cinta por la ranurita del escaparate unos días después. Nada más excitante para mi yo de siete años, sin embargo, que los estantes imponentes de aquel preciso videoclub alzándose a lado y lado y el portal a un paisaje hollywoodiense de cielos anaranjados y máximas en luces de neón. Era un local pequeño, siempre muy oscuro, y atendido por adolescentes que a mí me parecían increíblemente sofisticados; una de ellas, amiga de mi tía, estaba ahorrando el sueldo para hacerse azafata y convertirse en un elemento permanente de esos cielos anaranjados.

Por aquella época, había aparecido frente al mostrador una silueta a tamaño natural de Pamela Anderson como parte de la campaña de promoción de la película de acción *Barb Wire* (1996). Y, al lado, un póster con el eslogan de la película —«¡No me llames nena!»— en una fuente grande, negra, *sans serif*, sobre fondo blanco. Anderson salía en ambos con tacones de aguja y un body ceñidísimo de raso y PVC, los brazos alzados, empuñando una Desert Eagle del 357, y los pechos apretujados entre ellos, como el par de panecillos que traía yo en una bolsa de plástico de la panadería, unos portales más allá. Iba siguiendo a mi madre, que andaba saludando al personal —algunos, amigos suyos—, y de pronto mis ojos aterrizaron en esa imagen que captó mi atención como pocas cosas han logrado captarla desde entonces. Cuando mi madre me preguntó qué quería alquilar, le dije: «Eso». Y, si bien intervino cierto factor libidinoso, si bien me sentí ciertamente atraída por aquella hermosa mujer con los labios perfilados por fuera en plan zorrón y un estallido de pelo rubio, también tuvo que ver con la contundencia de la imagen, con la polaridad del tinte amarillo y la licra negra; aquella carita de muñeca que se tornaba dura gracias a las cejas finísimas, el efecto alado de la generosa sombra de ojos y el brillo metalizado de labios, eso me pudo. Era una imagen que evadía cualquier tipo de ternura, lo cual tiene sus virtudes, por supuesto; pero para mí, criada como niña en un mundo que yo había entendido ya que me exigía cierta guapura y delicadeza —una niña cuya escolarización, incluso a la tierna edad de siete años y en un colegio público de barrio pobre, iba toda ella más enfocada a ayudarme a limar las partes más «ásperas» de mi naturaleza que a impartir conocimientos de cualquier clase—, aquella imagen representaba algo parecido a la libertad. Como lo hacía la incomodidad evidente que despertaba en prácticamente todo el que entraba y que acabó creando en el centro del videoclub una especie de vacío que la gente aprendió a esquivar apartando los ojos.

A mí ese encuentro me recuerda a una historia de Dolly Parton sobre la primera vez que topó con ese estilo que acabaría siendo su seña distintiva. En 2006, Parton contó en CBS News: «Había una mujer que era bastante una perdida. Yo no sabía qué era eso, le dije que me parecía guapísima, porque tenía una melena amarilla preciosa. Me causó una impresión tremenda, no dejaba de repetir lo guapísima que era, y los demás me decían: "Bah, es chusma". Y yo pensaba: "Pues eso quiero ser de mayor. ¡Voy a ser chusma!"».[1] Para la gente que ya se siente chusma gracias a un sistema de desigualdad, o a una discriminación generalizada en forma de misoginia, racismo u homofobia, reivindicar ese título como identidad puede ser muy poderoso. Me doy cuenta ahora de que todas mis primeras amistades se definían por eso, porque busqué siempre a personas que se sintieran excluidas de un sistema de dominio social solapado y de un poder privativo de la tradición blanca y de clase media; personas que ansiaban solaz, no ahí, sino en la posibilidad de encontrar formas alternativas de expresión que atentaran contra él. Algo que el clima particularísimo en el que vivíamos y ese momento de la historia que concedía tanto prestigio a las apariencias profesionales y a la respetabilidad no hicieron más que impulsar.

DOCTOR FRASIER WINSLOW CRANE: MÉDICO, DOCTORADO, PSICÓLOGO COLEGIADO

Una serie en concreto, *Frasier*, se mofó como pocas de esta tendencia, y era bastante popular entre los padres en mi infancia. Se trataba del *spin-off* de una serie anterior, *Cheers*, creada por David Angell, Peter Casey y David Lee y protagonizada por el cómico Kelsey Grammer, que interpretaba al personaje que daba título a la serie.

Frasier Crane es un psiquiatra de Seattle, hasta cierto punto famoso, hasta cierto punto rico, que presenta además un programa de radio. La premisa cómica gira por completo en torno a la cuestión del buen gusto, y la gracia es que tanto Frasier como su hermano pequeño, Niles, psiquiatra también —dos hombres altamente cualificados, con una carísima educación y responsables del bienestar de otros—, son incapaces de reconciliar sus inquietudes burguesas con la educación pragmática que les dio su padre, Martin, principal agitador de la serie, que se ve obligado a vivir con Frasier tras un accidente que complica su movilidad.

Martin, o Marty, como lo llaman a menudo en la serie, es un poli de a pie, ya jubilado, que prefiere objetos y actividades que le reporten comodidad y un pequeño descanso. Sus hijos, que le deben gran parte de su sensibilidad a su difunta madre, Hester, también psiquiatra, prefieren objetos y actividades edificantes y que les reporten un sublime ensimismamiento: la ópera, los buenos vinos, las obras de Dostoyevski, las *Variaciones Goldberg*, las sillas Eames y demás objetos destacados de diseño *mid-century*, las bellas artes, las mujeres con corte bob, el queso y los servicios de mesa. La serie no da a entender que haya nada de malo en estos artículos y actividades en sí, se limita a burlarse de la ansiedad por el estatus que las acompaña. Marty, por el contrario, se caracteriza por el amor campechano que siente hacia su butaca reclinable llena de pelusas, sus camisas de cuadros, los restaurantes de carne asada, la cerveza en lata y su perro, Eddie, un Jack Russell terrier interpretado por un famoso actor canino llamado Moose. La raza resultó ser una buena elección, a la vista de la temática de la serie, porque los Jack Russell terrier protagonizaron una lucha de clases en los noventa: en un encendido debate sobre su categoría y función en el seno del American Kennel Club, los tradicionalistas defendieron que el Jack Russell continuara siendo un perro de trabajo y se criara de manera acorde, mientras que un contingente cada vez mayor (y finalmente victorioso) luchó con uñas y dientes para que se lo siguiera domesticando y volviendo más dócil para el hogar.

Los enfrentamientos de Eddie con Frasier son una traslación tácita de la pugna por el afecto de Martin, igual que la rebelión esnob de Frasier revela ser una réplica de aquel primer rechazo, mucho más profundo, por no ser lo bastante «hombre» para cumplir las expectativas de un padre que había sido miembro de la Policía. Ambas razas —el profesional presuntuoso con educación universitaria y el Jack Russell terrier— compartían, sin embargo, muchas similitudes a finales del siglo pasado, porque ambas se vieron obligadas a adentrarse en un espléndido mundo nuevo, de mayores comodidades, por un lado, pero también de nuevas expectativas con respecto a su conducta, por otro.

Frasier empezó a emitirse en septiembre de 1993, en un momento de esperanza para amplios sectores de Estados Unidos. Bill Clinton asumió la presidencia en enero de ese año, y su programa de reformas económicas progresistas —la Tercera Vía— sirvió para mitigar parte de la desigualdad que había impuesto su predecesor, el republicano George Bush Sr. Mientras que este último había ejemplificado la perspicacia y la acerada impersonalidad de su antigua profesión de hombre de negocios, y su predecesor, Ronald Reagan, había sido la personificación del espectáculo, aún más insípido e impostado, del showman y el artista de variedades, el nuevo presidente poseía el aire relajado y bromista y también la modestia de los extremadamente bien educados. Clinton, que había disfrutado en su día de una beca Rhodes y era abogado de profesión, con sendos diplomas de las universidades de Georgetown, Oxford y Yale, venía con un enfoque que parecía asentarse en un pragmatismo serio y respaldado por los libros; era un hombre guiado por reformas moderadas que impulsaran unos valores sociales inclusivos, una mayor igualdad y un incremento de la clase media. Un programa político que, al menos en apariencia, servía como antídoto frente a las tendencias más mercenarias y mercantilistas que habían definido la atmósfera de la vida pública a lo largo de los ochenta.

En la campaña electoral de 1992 —que yo no recuerdo, pero que marcó el tono de la presidencia de Clinton, que desde luego sí recuerdo, porque fue algo completamente ineludible en toda la década de los noventa—, tanto Bill como Hillary aparecen fotografiados con looks que se distinguen, por su descuido, del atuendo bastante más formal de sus predecesores. Bill viste con corbatas estampadas y sueltas, y chaquetas con una sola hilera de botones, a menudo desabrochadas, o sin chaqueta, directamente, mientras que Hillary lleva una galería de modelos monocromáticos y coloridos y diademas de terciopelo, bajo las que su pelo goza de un nivel de abandono inaudito hasta entonces en una aspirante a primera dama, sin ayuda aparente de ninguna espuma, laca o gomina. En un par de ocasiones, Hillary luce también una cazadora de cuero *oversize*, y la noche de la victoria de Clinton vemos a su hija Chelsea con un vestido a topos de estilo marinero como el que podríamos encontrar en un viaje universitario a Francia. Este tema marcaría todo su mandato: Chelsea y sus vestidos florales largos y holgados, propios de una granja de Europa occidental —emulando a sus padres, cuyo espíritu consistía por completo en borrar las fronteras entre la rígida formalidad y la *vida cotidiana*—, de los que saltaría más tarde al traje de falda y chaqueta, bastante más formal. Era importante que la familia desprendiera una sensación de relajada comodidad y una visión casi pastoril del Estados Unidos moderno, donde las reformas educativas harían prevalecer el sentido común. Aquellos dos estudiantes que se habían conocido supuestamente en un piquete en 1971 se adivinaban todavía en los perfiles, más tangibles y suaves, de la indumentaria de Bill y Hillary, que terminaría definiendo muchas tendencias de moda de la época.

De todos los personajes que componían el reparto de *Cheers* no había ninguno más apropiado para protagonizar un *spin-off* a principios de los noventa que Frasier Crane, el cual —pese a las inclinaciones personales del actor hacia el republicanismo— era la quintaesencia de cierta ansiedad por el estatus muy concreta que, presidida por el Partido Demócrata, se apoderó de la nación: una ansiedad que tenía que ver con la cultura tanto como con la riqueza. Casualmente, la esposa de Frasier, con el acertadísimo nombre de Lilith Sternin, guardaba parecido con una de las intelectuales estadounidenses más conocidas de la época, Donna Tartt, cuya novela *El secreto* se había publicado con gran éxito el año antes de que *Frasier* comenzara a emitirse. Frasier era el *summum* de un nuevo grupo económico, algo rancio, cuya creación definió su época: con ese uniforme de trajes de lana con pinta de picar, algún que otro chaleco y, al menos durante los años de *Cheers*, un grado de experimentación con el vello facial con el que un abogado mercantil o un corredor de los ochenta no podrían más que soñar. Como Clinton, Frasier era reacio a cualquier clase de producto con el que domeñar su pelo, que disfrutaba, también como el de Clinton, de cierta esponjosidad.

Este era el ambiente de moda del mundo en el que crecí, que mis padres y sus amigos trataban de recrear con cualquier variante aproximada de segunda mano que consiguieran pescar por ahí. Vivíamos en una época de cárdigan extragrandes y pantalones de pana, chalecos y vaqueros de corte recto sin pamplinas, hombres con pendientes de arito y mujeres de pelo castaño. La novela de Tartt hizo subir como la espuma el formato campus, y la siguieron un montón de películas tremendamente populares en las que la universidad, la educación formal o la idea de «genio» eran centrales; entre ellas *Los amigos de Peter* (1992), *Círculo de amigos* (1995) y *El indomable Will Hunting* (1997). Los amigos —en sentido general, pero también los de la popular serie *Friends*, claro está— eran ineludibles. ¿Había existido formalmente este concepto antes de la producción cultural de los noventa, o tal vez, como ocurrió con el adolescente en los cincuenta, le debemos nuestra comprensión contemporánea del término a una época en la que todas y cada una de las historias, se diría, giraban en torno a afinidades platónicas y duraderas forjadas en la sala de estudiantes de la universidad o poco después?

En cualquier caso, siempre era otoño en los noventa, las avenidas de nuestra imaginación estaban flanqueadas de arces y todo el mundo, a un nivel y otro, asistía a Harvard. Como Chelsea había llevado un vestido marinero en la investidura de Clinton, la boda de mis padres —un acontecimiento de magnitud similar, al menos para quienes los conocíamos— me exigiría llevar lo mismo. Mientras que el de Chelsea era azul, el mío fue amarillo, o «limón», como le especifiqué, por lo visto, a la dependienta de Laura Ashley. En Navidad, cogimos el dinero que había ahorrado mi madre y lo gastamos en unos abrigos de terciopelo que compramos en unos grandes almacenes, y en la peluquería, donde sonaba a todo volumen «Two Can Play That Game» de Bobby Brown. Mi madre se hizo un corte pulcro que transmitía *estudiosa, pero sexy*.

Y la cosa no se limitaba al estilo personal. Por descontado, uno de los cambios principales en el salto de *Cheers* a *Frasier* fue el desplazamiento del foco: del bar, presidido por Sam, el personaje de Ted Danson en *Cheers!*, al hogar de Frasier, donde el set servía para ilustrar muchos de los temas centrales de la serie. Su escenografía posmoderna, cuyo simbolismo nos apela con un humor mordaz, podría considerarse el cuarto personaje más importante de la serie. Con aquella espléndida combinación de ventanales enormes, panorámicos, asomados a la ciudad de Seattle; la chimenea semicircular; diversos artículos *mid-century* —incluido un sillón Eames—, pero también otros tantos elementos subsaharianos llamativos, a la manera totémica y problemática de Freud. Con un piano de cola y mesas de pulido cristal, esa estancia es la síntesis más perfecta creada jamás para la pantalla del eclecticismo con aspiraciones propio de los noventa: ese «¿qué, esta antigualla?» transmisor de lujo que denotaba unos vastos conocimientos de arte y cultura, y un número aún más vasto de millas aéreas acumuladas. Casi un siglo antes, el economista Thorstein Veblen había postulado su teoría de «la ociosa», el «consumo ostensible» y el «ocio ostensible», en la que observaba una tendencia entre los capitalistas ricos nacidos de la industrialización del XIX a manifestar su estatus social a través de elementos que dieran fe de una vida rica en experiencias. Allí donde el aristócrata había exhibido sus candelabros de oro y sus óleos, esa nueva riqueza generada por las oportunidades del capitalismo de libre mercado tendía a lucirse más bien en la demostración de habilidades y viajes, en la forma de trofeos deportivos y souvenirs, por ejemplo. El set de *Frasier*, por tanto, era también testimonio de aventuras trascendentes, ya fuesen metafóricas o reales: el hogar de alguien que disfrutaba de pequeñas escapadas, visitas a galerías, suscripciones a revistas y fichas de recetas, y que se movería como pez en el agua en la clase de conversaciones que uno esperaría encontrar en las cenas de amigos igualmente acomodados.

La genialidad de *Frasier* fue identificar un fenómeno que se estaba produciendo en todo Estados Unidos: cómo cierto sector demográfico se libraba de las jerarquías de clase tradicionales, no tanto por medio de los negocios y el comercio, sino de la educación, y cómo familias que en generaciones anteriores habían quedado adscritas a determinado nivel de ingresos y prosperidad hallaban esperanza —pero también tensión— en las oportunidades resultantes. Puede que nada evidenciara más la exaltación de la época que las fantasías extremas que promovían las telenovelas y comedias de entonces —más extravagantes e irreales que cualquier obra de ciencia ficción— al afirmar que, ni que fuese en esta nueva configuración de circunstancias, un escritor en ciernes o un pasante podían permitirse alquilar espaciosos inmuebles en el centro de las grandes ciudades de Estados Unidos. *Frasier*, no obstante, sorteó el problema recurriendo a personajes que ya lo habían logrado, y daba la impresión, como se ha venido defendiendo, de entender los cambios radicales que tenían lugar ahí afuera mucho mejor que sus contemporáneas *Friends, Ally McBeal, Sexo en Nueva York* o *Seinfeld*.

Si en los noventa había visto a mis padres disfrutando de *Frasier* y riendo entre dientes con bromas que yo no entendía, cuando volví a la serie, en un portátil colocado sobre la cama individual del cuarto diminuto que tenía alquilado en un piso compartido con mis dos amigas Lydia y Nicole en el este de Londres a principios de la década de 2010, me estaba formando ya mis opiniones, particulares y hasta cierto punto hastiadas, del mundo laboral. A los veintiuno tenía ya una licenciatura y varios años de experiencia, pero me descubrí con muchas menos salidas de las que había imaginado. Pocas experiencias pueden empujar tanto a la gente a convertirse a la causa de la izquierda como permitirles pasar tres años entre unos «iguales» que, al reincorporarse a la vida normal, resultan ser de todo menos eso: el expediente académico palidece frente a las conexiones familiares y a la riqueza independiente. Irónicamente para alguien que se acababa de pasar tres años estudiando novelas inglesas, me encontré en una situación parecida a la de la institutriz del xix, y solo entonces comprendí por qué resultó una figura tan útil para los autores de la época, ofreciendo como ofrecía infinitas posibilidades narrativas. Durante tres años, trabajé como su equivalente moderno más cercano: de canguro y profesora particular, recorriéndome Londres y más allá, deambulando por las casas de familias pudientes y disfrutando de una libertad de movimientos que habría sido imposible de otro modo. En el transcurso de los cientos de visitas que hice a estos hogares, y muy a la manera de los personajes de la oscarizada *Parásitos* (2019), me encontré a menudo sin vigilancia en mansiones enormes, espiando a madres tristes y abatidas, a padres borrachos, y, en un par de ocasiones, pillé a los niños tomando grandes cantidades de mefedrona en la privacidad de sus cuartos.

Así las cosas, yo también empecé a identificarme (en la medida en que puede identificarse alguien con el que considero el personaje más vago y estereotípico de la serie) con Daphne Moon, cuidadora de Martin, ama de llaves de Frasier y, muy apropiadamente, la mancuniana voz de la razón. En cuanto que trabajadora doméstica, Daphne comparte un buen número de creencias y actitudes con el patriarca de los Crane, así como un saludable grado de cinismo frente a la vanidad de los dos hermanos. Si *Frasier* es la promesa que se les vendió a los licenciados ambiciosos de los noventa y la primera década del siglo XXI, para muchos de nosotros, después de la crisis económica de 2008, Daphne era la realidad. Aunque, a diferencia de ella, que respondía con un optimismo implacable a su mísero salario y a las peticiones irracionales de los tres hombres —optimismo que podríamos añadir a la lista de detalles poco realistas de las *sitcoms* estadounidenses de la época—, mi actitud era más bien de cinismo. Entre las humillaciones frecuentes que vivía y la ínfima remuneración a cambio, el sinfín de *frasierismos* que me topaba a diario eran la única fuente de entretenimiento que me ofrecían esos empleos y, aun sin ser consciente por entonces, me estaban iniciando en una tradición literaria que incluía a las Brontë y a Lucia Berlin.

Observando a esa gente acomodada en sus hogares, pude adquirir cierta comprensión de las conexiones que vinculan gusto y prosperidad en las mentes de los ricos. De todos los absurdos que me encontré, no recuerdo ninguno con tanta intensidad como aquella casa que su dueño había transformado en una especie de galería de arte con las paredes completamente desprovistas de color y cuya única concesión aparente a los niños que allí vivían eran cuatro cuencos grandes que contenían exclusivamente habichuelas de caramelo blancas. Para mí, los niños eran ingobernables y parecían obcecados en el caos. Fue en esa casa donde vi una escultura figurativa de tamaño natural, obra de un artista británico destacado, que parecía una intrusa cada vez que entrabas en la sala y no hacía más que exacerbar lo que yo consideraba la neurosis de una familia que se había confinado en una casa de cristal con varios millones de libras en obras de arte.

Hasta ese momento de mi vida, sin embargo, no había visto jamás lugar más lujoso o con más aspiraciones, y la idea de tener expuestas obras de arte famosas daba la impresión de ser el culmen absoluto de la prosperidad. Entonces me invitaron a dar clases en casa de una familia procedente de una antigua dinastía estadounidense, cuya residencia estaba instalada en una zona elegante de Londres, con muchos menos edificios modernos alrededor (edificios que los dueños, como era de esperar, detestaban), y descubrí, mientras merendaba incómodamente tortitas que me servía una criada, rodeada de un sinfín de plata y antigüedades de la dinastía Ming, que la riqueza de abolengo se transmitía por medio de posesiones heredadas. Y descubrí también, tiempo después, tomando el té en tazas promocionales y agrietadas en el solárium de la casa de campo del XVI de cierto aristócrata y abogado, que cualquier preocupación por el gusto resultaba vulgar, y que debíamos tener la libertad de vivir como pobres. Se percibía una tendencia similar en una fotografía que compartió la cuenta oficial de la familia real en 2021, tomada en el interior de Gatcombe Park, en Gloucestershire, residencia de la princesa Ana, hija de la reina Isabel II. En ella aparecían la princesa y su marido, sir Timothy Laurence, disfrutando de un partido de rugby en televisión, rodeados de una galería de muebles desparejos y abarrotados, muchos de ellos, de adornos y fotos de familia, diferentes obras de artes enmarcadas con estilos diversos, sillones y sofás tapizados con un intrincado estampado floral y una cama de perro. La escena es muy típica de cualquier hogar británico de clase media alta, y aun así un sinfín de columnas de opinión parecían destilar incredulidad, olvidando como siempre que el poder y la respetabilidad entablan a menudo una relación inversa, y que la conformidad con las concepciones de buen gusto acostumbra a ser una exigencia que se impone a las clases bajas como requisito de entrada a los salones de la estabilidad económica, mientras que los ricos son libres de vivir como cerdos.[2]

Bien pensado, al menos en mi opinión, sí que visité una casa en la que los dueños habían hecho buen uso de su dinero, en términos de interiorismo. Era el hogar de un rico hombre de negocios originario de la India cuya sensibilidad estética se había desarrollado toda ella fuera del ámbito de la clase media blanca británica; una mansión, de nuevo en el oeste de Londres, que contaba con un mural continuo que cubría por entero sus cuatro plantas inmensas. Una elaborada escena en empalagosos tonos pastel se extendía de estancia en estancia, con pérgolas, enredaderas, riachuelos sinuosos y fauna deambulando por ella.

Mi entorno doméstico también estaba repleto de fauna por aquel entonces. Por la noche, saltaban ratones a las almohadas y correteaban por el rodapié desajustado, y tuvo que pasar un año hasta que descubrí la pitón que mi compañera de piso tenía viviendo en su cuarto, tras un encuentro fortuito en el pasillo. Las redes sociales eran relativamente nuevas. Las revistas se sacaban de la manga cada pocos meses estilos nuevos y distintivos que se granjeaban algunos miles de «seguidores», la mayoría de los cuales vivían en un radio de dos kilómetros en torno a nuestro piso. La gente empezaba a «postear» online sobre sus vidas, compartía atisbos de fiestas, de viajes, de los libros que estaban leyendo. «Curador» empezó a adquirir un espectro más amplio de significados que trascendían la labor propia de un galerista profesional y se nos llamó a todos a convertirnos en curadores de nuestras propias vidas por medio de internet.

La validación online se presentó como una posible cura para la tristeza que sentían en el mundo real los desempleados y los pobretones, que reunían pequeñas colecciones de recipientes de barro, reproducciones de linograbados de caras macabras, crisantemos, pisapapeles y plumas, todo ello fotografiado y compartido. Como botín de la residencia de Frasier Crane deja que desear, pero durante la «Gran Recesión» levantamos nuestros pequeños altares a la respetabilidad en una esquina de las habitaciones individuales de nuestros pisos compartidos y las colgamos online para obtener esos likes que habían reemplazado a las formas de interacción y validación que existían antes en el mundo real.

El auge de los hacedores del gusto

Estos perfiles online formaban parte de una economía emergente de las imágenes cuyos núcleos se encontraban unos kilómetros a la izquierda de los centros financieros que controlaban la circulación mundial de capitales: allí donde anunciantes, influencers y técnicos de marketing se iban congregando bajo una pretensión de creatividad. El buen gusto, como concepto y como estilo de vida, se había convertido en la materia prima de un nuevo tipo de negocio subido a lomos de la proliferación de medios visuales. Al mismo tiempo, en los salones del éxito profesional y la estabilidad económica se estaba legitimando un énfasis en lo personal y en lo cultural en relación con la imagen. Por aquella época, me presenté a incontables ofertas de empleo en empresas tecnológicas, organizaciones políticas, ONG y revistas —cualquier cosa que me sacara de niñera—, y la mayoría, en un punto u otro del proceso de selección, pedía alguna clase de declaración pública de identidad que se mostrara al tanto de las sensibilidades y preferencias culturales de sus jefes, ya fuese blogueando o por medio de algún perfil profesional online.

En más de una ocasión, me descartaron, no por carecer de la titulación apropiada, o por no poder cumplir con las responsabilidades prácticas del puesto, sino porque no había una buena «compatibilidad cultural»: un término extraño, con un uso probablemente eufemístico, desde luego, pero cuya legitimidad parecía indicar en todo caso que la antigua pretensión de una esfera profesional imparcial y pragmática —y también la de una distinción entre vida y trabajo— estaba en pleno deterioro. La cultura, que se había concebido siempre como una cuestión personal al margen del trabajo de alguien, se había colado en el mundo de los requisitos de contratación. Por un lado, los responsables de recursos humanos recibían más presión que nunca para evitar formas explícitas de discriminación, con formularios que incluían menús desplegables que insistían en preguntar detalles acerca de la raza, el género, la orientación sexual o las creencias religiosas. Pero, por lo demás, y en formatos mucho menos detectables pero mucho más intimidantes —en entrevistas de trabajo que se celebraban cada vez más tomando un café, o incluso unas copas, sometiendo a la gente a procesos larguísimos y, a veces, al interrogatorio de un jurado al completo por un puesto por el que no pagaban más que el salario mínimo—, se hacía más hincapié que nunca en el *quiénes éramos* y *a qué dedicábamos el tiempo libre*. Como ha señalado Ashley Mears, las empresas buscan cada vez más empleados que encarnen el «look» correcto,[3] un look correcto que lo abarca todo, desde el aspecto físico (al que Mears se refiere específicamente), hasta la forma de vestir, la manera de hablar y los sitios en los que nos los podríamos encontrar después de fichar. Por su parte, en otro ejemplo de canibalización de nuestras vidas personales por parte del trabajo, y de la obligación de demostrar buen gusto, el auge de la economía bajo demanda ha impuesto que los prestadores de servicios —como los conductores de Uber o los manitas de TaskRabbit— deban crearse perfiles con foto y, en algunos otros casos, hasta una pequeña biografía, mientras que los clientes son libres de evaluarlos conforme a un conjunto de criterios indefinidos. Eso supone que la vestimenta, el olor personal, el tema de conversación o la música escogida puedan ser lo que marque la diferencia entre una puntuación de una o cinco estrellas, y, por extensión, la diferencia entre seguir recibiendo encargos o no. En cualquier trabajo de cara al público, las cuestiones de gusto dictan las posibilidades de empleo, y me atrevería a decir que esto no ha hecho más que acentuarse en una época en la que el feedback queda registrado online al instante y con efectos devastadores.

En 1977, Pierre Bourdieu y Jean-Claude Passeron acuñaron el término «capital cultural» para referirse al bagaje cultural y a los activos sociales que sirven para granjearse la simpatía de los que ostentan el poder. Eso incluía la educación y la forma de hablar, pero también la vestimenta, las preferencias estéticas y el estilo de vida. Este capital cultural puede heredarse al nacer o adquirirse en el transcurso de la vida. Ese proceso de adquisición, no obstante, que puede resultar largo, doloroso y alienante, a menudo viene determinado por la proximidad de la persona (social, ideológica y también geográficamente) a la cultura dominante, lo que deja en desventaja a los inmigrantes y a todo aquel de una confesión, etnia o estilo educativo distinto. Y eso por no mencionar el borrado cultural resultante.

La teoría de Bourdieu y Passeron mostraba que un sistema laboral que reduce a las personas a su valor de mercado convierte ciertas tendencias y preferencias en un atributo económico. *Frasier* lo parodiaba, pero no mofándose de la educación o de la denominada «alta cultura» en sí mismas, sino de la conversión de estas en un activo económico con el que la persona podía mercadear. Lo que a mí me parecía obvio, sin embargo, era que la situación había evolucionado, y que esas preocupaciones en torno al capital cultural que había abordado *Frasier* en los noventa estaban cada vez más sistematizadas y codificadas en la identidad de la persona, o al menos de su avatar online, a raíz de las transformaciones en el ámbito laboral y tecnológico.

Conviene tener en cuenta también que, además de los rasgos esnobs del protagonista y de su hermano, *Frasier* entraba asimismo a considerar la forma en que disciplinas anteriormente minoritarias iban popularizándose a través de los nuevos medios. Y este no es un aspecto secundario en la cuestión del capital cultural, sino que podría decirse que es clave. Los medios de comunicación habían convertido infinidad de disciplinas especializadas en entretenimiento ligero, y a sus practicantes, en artistas y celebridades. Con ese salto de Frasier de psicoterapeuta a psicoterapeuta-locutor-de-radio, la serie exploraba una tendencia —generalizada en la programación de radio y televisión— que aspiraba a resolver en público asuntos de sufrimiento personal y conflictos interpersonales, y que tiene algunos de sus ejemplos más dañinos en los programas de *Jerry Springer* y *Ricki Lake*, o en *The Jeremy Kyle Show* en Reino Unido. Esta tendencia al espectáculo se extendía a prácticamente cualquier profesión, y aparecieron un sinfín de médicos, astrónomos, historiadores, abogados y jueces en radio y televisión, y también cocineros, interioristas y artistas. Frasier se enfrentaba a menudo a la angustia de mantener cierta imagen, pero asimismo encontraba por otro lado el problema de desacreditar su profesión reduciéndola a un clip consumible. Ejemplificaba, como una especie de *protopodcaster*, una serie de preocupaciones que no harían más que generalizarse con la proliferación de nuevos canales, el surgimiento de las redes sociales y la posibilidad, al alcance de casi cualquiera, de convertirse en un supuesto experto y en una figura semipública. Podría dar la impresión de que los años del Gobierno Clinton representaron una época de gran respeto por la educación, la academia y la experiencia, pero el aumento de remuneración en estas disciplinas dependía de que pasaran a ser también más viables en términos comerciales y a estar más integradas en la economía de mercado: académicos, médicos y demás expertos, convertidos en hombres de negocios y artistas. Materias en las que un nivel de comprensión siquiera básico requería de años de estudio se presentaban al público de un modo tal que parecía que cualquiera podía «pillarlas» consumiendo un breve segmento de radio o televisión, fomentando con ello la falsa idea de que *mirar* y *escuchar* equivalen a *comprender*.

Nos estaban persuadiendo de aceptar todo tal cual lo mostrara la pantalla (o el altavoz), y al mismo tiempo, si queríamos prosperar, nos enfrentábamos a la necesidad de optimizarnos a nosotros mismos conforme a esos canales. A principios de la década de 2010, esta tendencia era ya una cacofonía. El mismo año 2010, el director ejecutivo de Google, Eric Schmidt, reconoció que en la actualidad creamos tanta información en dos días como la que generamos «desde el nacimiento de la humanidad hasta 2003».[4] Por más que me pese citar a un ejecutivo de Google, esta afirmación corrobora hasta cierto punto que nuestras vidas están hoy en día particularmente saturadas de imágenes, clips y datos. Es ya casi demasiado obvio —demasiado tópico— señalar que quienes tenemos un smartphone, un portátil o una tableta, pero también quienes vivimos en una ciudad donde es imposible eludir los espacios publicitarios, recibimos a diario más información visual de la que es posible procesar adecuadamente. Esta información puede llegar a través de fotografías, o de vídeos, o de los formatos que existen en algún punto intermedio —GIF, reels, carruseles—, publicados a razón de miles de millones todos y cada uno de los días. En semejante contexto, la voluntad y la capacidad de distinguir entre verdad y apariencia se resienten. Nos vemos empujados a una situación en la que las impresiones son las reinas supremas.

Se trata, realmente, de la culminación de lo que el filósofo y artista francés Guy Debord bautizó como *La sociedad del espectáculo*, y en particular de la idea de que, en la era del espectáculo, la «relación social entre personas [está] mediatizada por imágenes».[5] Las observaciones formuladas por Debord, y por otros autores del siglo XX de tradición similar —entre ellos, Jacques Derrida, Susan Sontag y Stuart Hall—, han ido ganando relevancia con el tiempo, y nuestra realidad es en buena medida la que todos ellos vaticinaron a sus respectivas maneras: una en la que la forma de presentarse no es solo importante para el recorrido de una persona, sino en muchos aspectos determinante. Tal vez para ellos, que vivieron en los albores de tanta tecnología visual, fuese más fácil observar estos efectos transformativos de lo que ahora lo es para nosotros, que vivimos en un mundo creado por ella.

UN APUNTE SOBRE EL LENGUAJE ESCOGIDO

Todos estos autores eligieron con cuidado sus palabras, y yo, en la misma línea, me siento obligada a hacer un último apunte sobre el lenguaje que emplearé en el resto del libro. «Clase», según la definición marxista, se refiere a nuestra relación con el capital. Aquellos que poseen las tierras, los edificios, la maquinaria y el equipamiento necesario para producir bienes (lo que se define como «los medios de producción») constituyen la clase capitalista y dirigente. Las personas que dependen de ellos para tener un empleo asalariado son los trabajadores. Los capitalistas sacan provecho de la riqueza generada por los trabajadores. Esta definición, no obstante, topó con ciertas dificultades tras la creación en el siglo XX de nuevas modalidades de trabajo —incluidos los servicios que recurren a tecnologías digitales— en las que se hacía más difícil determinar qué estábamos produciendo, de qué modo estábamos creando riqueza y quién estaba en posesión de los recursos a menudo intangibles de los que dependía todo ello. Sigue abierto un debate sobre si la clase media o capitalista comprende a aquellos capaces de ahorrar, a los propietarios o a los que obtienen al menos parte de sus ingresos pasivamente, del arrendamiento de propiedades, o de la tenencia de acciones, por ejemplo. No es que el sistema de clases haya dejado de existir, sino que es necesario modernizar nuestras definiciones. Los políticos de derechas, sin embargo, han aprovechado la confusión para asegurar que ahora vivimos en una sociedad justa, sin diferencias de clase, en un intento de encubrir las desigualdades económicas que han persistido tercamente aun así. Su gran mentira es que vivimos en una *meritocracia* —esto es, en una sociedad que obra con justicia y que recompensa a cada cual según su esfuerzo—, y que los ingresos de una persona van ligados a sus virtudes y a su carácter.

En este nuevo mundo, «clase» se convirtió en una palabra calumniada y pervertida. Un término que había descrito en su día las condiciones impuestas por un sistema capitalista empezó a utilizarse cada vez más para denotar una faceta de la personalidad. Los primeros ejemplos del uso de «clase» como sinónimo de «refinamiento» tal vez provengan de acortar fórmulas como «primera clase», en el sentido de «primera categoría», y carezcan de cualquier base socioeconómica. Pero, con el tiempo, este uso convergió con otra definición de trabajadores manuales y oficinistas, o de ricos y pobres. Gracias a las series estadounidenses, la *clase* se convirtió en algo que una persona tenía o no tenía. Como término genérico, podía aplicarse a muchas situaciones, y la gente «con clase» solía ser la que demostraba compostura y se abstenía de embarcarse en discusiones triviales, pero también la que hacía gala de su elegancia con respecto a su propia apariencia y a su hogar. En ese caso, la gente con *clase* era las más de las veces gente a la que ya le iba bien, y su prosperidad se estimaba una recompensa a esa virtud. Si a una persona no le iba bien, por tanto, era porque *carecía* de ella, de la virtud de la *clase*, y su pobreza se consideraba la manifestación externa de un carácter corrompido, demasiado caótico y desordenado como para reportarle una recompensa en el teatro de dádivas.

La palabra «gusto» sufrió una evolución similar. Un término sin valor implícito terminó convirtiéndose en la abreviatura de «buen gusto», y de nuevo una persona lo tenía o no lo tenía. No se trataba de «este es mi gusto y ese es el tuyo», sino de una jerarquía en la que solo se podía ascender mezclándose con las personas adecuadas, leyendo las revistas adecuadas y exponiéndose a las variedades indicadas de cultura. Según esta definición, el *gusto* pasó a referirse a la capacidad de una persona para emular satisfactoriamente los códigos estéticos de los que detentan el poder. Gusto y clase convergieron. Tener gusto era tener clase, era haber comprendido los códigos sociales que imponían los guardianes del dinero y de las oportunidades. Mientras que carecer de gusto era carecer de clase, era sentar la base para el escarnio social y la exclusión económica. Se trataba de un cambio de significado sutil pero profundo: de una estratificación de la sociedad que respondía a la extracción de riqueza de una minoría poderosa, pasó a una cualidad personal y a un rasgo de carácter cuya carencia ha de ser resultado de alguna tacha moral y personal. Incluso ese dicho conocido que afirma que «la clase no se compra con dinero», ni tampoco el *gusto*, insinuaba que en el fondo debería poderse: que una riqueza desproporcionada quedaba justificada si las personas que disfrutaban de ella sabían mostrar cierto estilo y elegancia.

De ahí que, a lo largo del libro, se usen dos definiciones distintas de «gusto»; esperemos que expresadas con claridad suficiente como para que resulte obvio cuál estoy usando en un momento dado: la definición de gusto que me gustaría para el mundo —vinculada a rarezas de la personalidad y a preferencias personales que han podido evolucionar de manera hasta cierto punto natural y, si no del todo individualmente, al menos sí sin la tiranía de preocuparse por si son «correctas» o «erradas»— y la definición de uso común hoy en día, vinculada a una especie de marcador de idoneidad y aprobación. De un grupo a otro, de una situación a otra, las reglas del gusto, por descontado, pueden cambiar. Aun así, cuando me refiera al buen gusto a lo largo de este libro, me estaré refiriendo a los estándares que defienden los más poderosos e influyentes y, por tanto, los que tienen un ascendiente mayor en lo que podríamos denominar «cultura popular». La mayoría de la gente que vive en sociedades occidentales tendrá al menos una vaga idea de estas concepciones acerca del gusto. Pero querría además, con cada una de mis observaciones, animar a los lectores a considerar cómo interfiere este fenómeno hasta en las dinámicas más pequeñas: que, al margen del veredicto concreto que emita un grupo o comunidad, es la severidad de ese veredicto y la medida en que contribuya a la noción del «nosotros contra ellos» lo que más importa y más urgentemente requiere nuestra atención.

35

O TIMAS O TE TIMAN

Por último, la última y única puntualización técnica de este debate que conviene tocar, antes de ponernos a vagar libremente por el mundo estrambótico y a menudo ridículo del buen gusto y de todo lo que este conlleva, es la movilidad social descendiente que se viene observando en los comienzos del siglo XXI. Las generaciones más jóvenes, comprensiblemente, han recurrido al gusto y a la erudición que les ha proporcionado el acceso a la educación universitaria como un medio para distinguirse, y para denigrar también a las generaciones anteriores, que han acaparado su riqueza a través de la propiedad.

Si se despliega hábilmente, puede desembocar en una figura de gran envergadura en el imaginario público, la del timador, cuyo ejemplo más famoso es el de Anna Delvey o, como se la conocía anteriormente, Anna Sorokin: el icono de una generación, una cara que motivó miles de artículos de opinión y episodios de pódcast. La celebridad de Delvey, la «falsa heredera» de Manhattan, se debe a su capacidad para aprovecharse de los antiguos sistemas de la riqueza y circunnavegar la exclusión económica mediante poco más que cierta manipulación de su imagen y de su estilo y la fijación maniaca que siente la gente por el gusto. Pero ya hablaremos de ella más tarde.

Una vez mencionadas todas las salvedades, puntualizaciones, definiciones y limitaciones de responsabilidad, solo me queda decir, pues, que este es un libro que explora las industrias emergentes del gusto y los caminos, inquietantes y enrevesados, por los que influye en nuestra vida la fijación por el gusto, escrito por alguien que se ha sentido muchas veces duramente juzgada con respecto a lo que le gustaba y a lo que no. Creo que el miedo al juicio ajeno es condición indispensable para la vida de clase trabajadora, algo que nace de una necesidad de supervivencia. Y que gran parte de la psicología pop que aborda la confianza en uno mismo obvia que ser inmune al juicio de los demás es un lujo de quien sabe que no depende de ello para su supervivencia. Dicho esto, la forma en que se infravalora y denosta a la gente en un sistema capitalista degradante ha permitido que los déspotas de la derecha se apoderen de ciertos estilos y códigos visuales en beneficio propio, y solo si comprendemos cómo lo han hecho podremos plantar una firme y persistente oposición a la amenaza que suponen. Tras largas reflexiones personales posibilitadas por el Servicio Nacional de Salud y demás, mi relación con la cuestión del gusto se ha convertido en algo a lo que me resulta ligeramente más fácil enfrentarme, y gozo de una lucidez al respecto que me eludió durante muchos años. Ahora que he dado con ella, siento que tengo casi el deber de compartir lo que he comprendido.

2

Los hogares

Solo lo útil		Lo que
o lo bello,	o	«despierte alegría»
WILLIAM MORRIS		MARIE KONDO

Mientras escribía este libro, pasé una temporada en Amberes, en Bélgica, una ciudad de inmensa riqueza que vemos representada en su famosa e imponente estación de tren de varias plantas, así como en las casas antiguas de estilo flamenco de los comerciantes que rodean la plaza Mayor, la Grote Markt. Amberes se convirtió en un enlace clave del comercio mundial de diamantes a raíz de la colonización belga de la actual República Democrática del Congo, una de las reservas de diamantes más abundantes del mundo. Pese a que aquella fue una de las campañas más sangrientas y brutales de la historia colonial europea, y motivo, también, de que sigan extrayéndose todavía hoy recursos naturales del África subsahariana, los comercios de diamantes de la ciudad no sienten ni pizca de vergüenza, y se anuncian resueltamente en carteles, letreros, escaparates y rutas guiadas dedicadas al tema.

Por su conveniencia como puntos de entrada al resto de Europa, Bélgica y los Países Bajos aprovecharon históricamente las riquezas obtenidas con sus habilidades comerciales para financiar formas diversas de creatividad que servían para afianzar el dominio cultural del norte del continente sobre el resto del mundo.

Fue Amberes, el centro del Renacimiento flamenco del siglo xvi, el contrapunto austero a lo que tuvo lugar en torno a la misma época en Italia. Aquí se fomentó el lenguaje visual que asociamos al puritanismo, una rama del cristianismo impulsada por los calvinistas que se terminaría convirtiendo en la doctrina imperante en Flandes y en varios países cercanos. Sus efectos se sienten todavía hoy en día, ya que Amberes continúa exportando al resto del mundo una modalidad de gusto que prima lo minimalista y lo levemente irónico. Los Seis de Amberes, entre los que se contaba Dries van Noten, fueron un influyente grupo de diseñadores de moda que se graduaron en la Real Academia de Bellas Artes a lo largo de los ochenta del siglo pasado. Junto con otro de los famosos diseñadores de la ciudad, Martin Margiela, cimentaron su moderna reputación como centro de actividad creativa.

A mí, sin embargo, me interesaba más la relación de la ciudad con el ambiente construido y el diseño de interiores. De modo que hice una visita a Wijnegem, a las afueras de Amberes, y en concreto a Kanaal, un enorme complejo galerístico creado por el interiorista y autor Axel Vervoordt que, como su nombre indica, se levanta a orillas de uno de los canales artificiales que recorre el nordeste de la ciudad. Comprende diversas naves industriales, incluida una serie de almacenes y silos imponentes, que se han ido reconvirtiendo en salas de exposiciones e instalaciones inmersivas. Aquí podemos encontrar las obras de algunas firmas famosísimas, como James Turrell y Anish Kapoor, pero da la impresión de que todos los artistas han sido escogidos por su adhesión a —o han recibido el encargo de materializar— la fijación primordial de Vervoordt con la solemnidad, la armonía y el rechazo a los aspectos comerciales más notorios de la vida moderna (pasando por alto la realidad, claro está, de que, por discreta que sea la producción, tenemos aquí a algunos de los artistas con mentalidad más comercial del momento). Esta postura pone de relieve una práctica del diseño que le ha reportado a Vervoordt fama mundial y ha confluido en un estilo distintivo de minimalismo rústico que suele definirse recurriendo al principio del *wabi sabi*, un término japonés que alude a una «sencillez natural» y que antepone los enfoques orgánicos y las pequeñas rarezas que surgen en ellos. En el caso de Vervoordt, este principio ha servido para crear espacios diáfanos con una paleta terrosa —tonos marrones, crema, terracota—, muebles de madera flotante, paredes sin tratar (o, al menos, con la apariencia de no estarlo), opciones decorativas en forma de palos diestramente colocados y luces tenues.

Lo que me empujó a subirme al autobús en el centro de Amberes y a internarme por una serie de carreteras anodinas por las zonas residenciales belgas fue mi interés por el estatus de sumo sacerdote del buen gusto de Vervoordt, así como por su popularidad entre los ricos y poderosos. Desde los noventa, ha venido atrayendo a clientes de renombre como Bill Gates y Bruce Willis, que le encomendaron ambos el interiorismo de sus casas. Las generaciones más jóvenes, sin embargo, tal vez lo conozcan por ser el hombre tras el hogar de Kim Kardashian y Kanye West —una mansión inmensa y minimalista en la exclusiva localidad de Calabasas, en el área metropolitana de Los Ángeles— y el tercero en discordia en uno de los divorcios de famosos más polémicos y mediáticos que se recuerdan.

La casa, cuya reforma duró seis años y costó supuestamente sesenta millones de dólares, y que la pareja ocupó apenas un año antes de que Kardashian pidiera el divorcio, está más documentada que ningún otro de los proyectos de Vervoordt, debido a la querencia de la pareja por la autopromoción y el uso de las redes sociales. Sus peculiaridades, por tanto, han atraído muchísima atención. Las paredes y los muebles son, del primero al último, de un blanco roto, mientras que los lavamanos del baño dan la impresión de ser completamente planos, y no cóncavos, un truco de diseño que oculta el mecanismo de desagüe. El plato fuerte de la casa, no obstante, es un pasillo que recuerda a una de aquellas perspectivas de catedrales enormes que pintaba el artista renacentista holandés Pieter Saenredam. Este espacio, que Kardashian escoge a menudo como fondo de sus innumerables sesiones caseras de fotos, inspiró entre el público la impresión de que la casa era austera hasta un punto siniestro; una sucesión de arcos lisos de cuatro centros creando lo que es sin duda un espectáculo, si no particularmente acogedor, sí fascinante.

En *La arquitectura del poder. Cómo los ricos y poderosos dan forma al mundo*,[1] el comisario y crítico de diseño Deyan Sudjic relata las distintas maneras en que los líderes y aspirantes políticos utilizan la arquitectura en sus regímenes para infundir un respeto reverencial, reforzar la identidad nacional y generar visiones esperanzadas del futuro. En su opinión: «La arquitectura alimenta el ego de los que poseen esa tendencia [la de imponer su voluntad]. Estas personas dependen cada vez más de ella, hasta el punto de que la propia arquitectura se convierte en un fin, seduciendo a sus adictos conforme van construyendo cada vez más y a una escala cada vez mayor». Sudjic se centra en los dictadores y déspotas que, a lo largo de la historia, han erigido monumentos colosales con los que apabullar y seducir a las masas, como los planes de Hitler para el Volkshalle, una vasta estructura abovedada que se habría ubicado en el centro de Berlín, el hotel Ucrania de Stalin y otras estructuras gigantescas en el centro de Moscú, los monumentos minimalistas que construyó Mussolini en Italia y los que mandó levantar la antigua primera dama de Filipinas, Imelda Marcos. Pero el principio se aplica también a los hombres de negocios y a los famosos del mundo occidental, que ostentan un nivel similar de influencia pública —cuando no directamente de poder político— y son cada vez más capaces de afirmarla en el terreno virtual de las redes sociales. No era, a fin de cuentas, la primera incursión de Kanye West en el ambiente construido. Antes de anunciar su candidatura a la presidencia de Estados Unidos en 2020, encargó una serie de prototipos para lo que bautizó como «Yeezy Homes», inspirados en aquellas casas nómadas, a la manera de iglús, que habían impulsado los movimientos contraculturales surgidos en la Costa Oeste a lo largo de los sesenta, como los diseños del colectivo Ant Farm y los de Buckminster Fuller. En 2018 había donado también diez millones de dólares al proyecto Roden Crater de James Turrell, con quien el artista planea vaciar y transformar un gigantesco cono de ceniza en la región del Desierto Pintado del norte de Arizona. No es que nos tomemos las pretensiones políticas de West ni lo más mínimamente en serio (su campaña en el 2020, si puede llamársela así, fue algo desorganizado y a medio cocer, y su nombre solo apareció en las papeletas de dieciocho estados por incumplimiento de plazos, por lo que no podría haber ganado de ninguna manera). Pero, aun como aspirante a líder del mundo libre, su residencia personal marca un contrapunto fascinante respecto a la sensibilidad estética del titular en el cargo —y en su día amigo de West— Donald Trump.

En la campaña presidencial de Estados Unidos de 2016, empezaron a circular imágenes de Trump en su casa, firmadas por la fotógrafa Regine Mahaux y tomadas en 2010. En ellas, Trump aparece con su mujer, Melania, y su hijo menor, Barron, jugando con un león de peluche de tamaño natural (fácil de confundir con uno auténtico al primer vistazo) y con un puñado de coches y camiones de juguete. La casa es una suite palaciega con vistas a varios rascacielos del centro de Manhattan. La agradable escena familiar, sin embargo, desentona hasta cierto punto con las paredes de mármol, las cornisas doradas, los tronos, los frescos, las urnas grecorromanas y los candelabros resplandecientes, que podrían hacer que el apartamento pasara fácilmente por el hogar del villano en alguna película de Brian de Palma. El diseño es en su mayor parte obra de Henry Conversano, más conocido por su trabajo en casinos, y cuya lista de clientes, muy distinta de la de Vervoordt, incluye a Stephen Winn y Hugh Hefner.[2] Su creación era algo así como los terrenos neoneoclásicos del palacio de Ceaușescu en Rumanía; un Versalles con creatina sintética en el que el exceso y la extravagancia se habían canibalizado a sí mismos por la necesidad de replicar, multiplicar, expandir y engullir.

El derecho al espacio

No está del todo claro en qué momento se implantó en ese apartamento de la Trump Tower el actual plan de interiorismo, pero la torre en sí se construyó en 1983, en los tiempos en que, se diría, quedó asentado el estilo personal de Trump, desde el pelo hasta su forma de vestir. Pese a que ni West ni Trump pueden considerarse personajes típicos de la época en la que saltaron a la fama, los enfoques radicalmente discrepantes que adoptaron uno y otro para alcanzar el mismo fin —esto es, el de crear un espectáculo con el que aspiraban a impresionar y a inspirar un respeto reverencial entre el gran público, ya fuese desde un apartamento en Nueva York, o con las proporciones espartanas impostadas de la mansión Vervoordt— parecen ofrecernos un relato sobre el lenguaje visual del poder y sobre cómo ha cambiado este en Occidente durante los últimos cuarenta años.

Para entender mejor todo esto, y para ver por mí misma la obra de un hombre que se considera el máximo exponente de un nuevo minimalismo popular, me enfrenté a esos ventarrones por los que son conocidas las tierras bajas de Bélgica y avancé, desde la parada de autobús, por una serie de carreteras peatonales. Llegué mojada y desgreñada, y me recibió esa mirada desdeñosa que había acabado por esperar de la gente dedicada al diseño; en esta ocasión, por parte de la mujer que ocupaba la recepción. Examinó mi atuendo antes de dispensarme una media sonrisa algo intrigada y luego me tendió un mapa y un llavero en forma de guijarro y me explicó que debía acercarlo a los nodos circulares que encontraría a intervalos por el espacio.

Para ello, tuve que seguir un exiguo mapa que me fue guiando por los caminos que llevaban a los distintos edificios. No soy nada cínica, y para mí habría sido muy fácil acercarme a esta experiencia con la actitud fulminante de tantos periodistas que buscan marcarse un tanto rápido contra formas de expresión minoritarias que no entienden de entrada. Sin embargo, pasar varias horas perdida entre los espacios, abriéndome paso a bips por largos corredores cuyo propósito no quedaba siempre claro —pero que me infundieron en todo caso un sentimiento de serenidad—, equivalía a comprender el atractivo de Vervoordt. En un mundo en el que prácticamente cualquier experiencia se ha optimizado en pos de la rentabilidad y de la fidelización del cliente, es raro limitarse a deambular por una serie de edificios, sin grandes expectativas sobre lo que pueda aguardarnos detrás de cada puerta. No hay señalización, ni esa distribución pedagógica que acostumbramos a encontrar en las galerías de arte contemporáneas. En comparación con la burocracia desquiciante y la publicidad chillona del mundo exterior, Kanaal es un lugar de evasión cuyas vistas, proporciones y función se han tenido todas ellas en cuenta en el diseño, de ahí que podamos subir por largas escaleras rojizas de acero oxidado y topar con ventanas cuadradas que enmarcan escenas de estanques tranquilos con espadañas y nenúfares. En una sala vacía, cuelga del techo una vara en forma de arco que crea el efecto de una fina incisión practicada en el espacio, a la manera de los lienzos rasgados del italiano Lucio Fontana, famoso artista posmoderno. En otra, un antiguo almacén, unas enormes bolas de hormigón sobre pilares perturban un espacio por lo demás angular y desconectan de todo lo que no sean las sensaciones básicas de tacto, contorno y volumen.

Antes de marcharme, me dirigí a una última instalación, obra de James Turrell, que está situada en el perímetro del recinto. En esta capilla secular se cuela apenas una mínima pizca de luz, por lo que, pese a las garantías por escrito que aseguraban que encontraría el camino, me vi obligada a deslizar un dedo por la pared curva antes de entrar en una sala que no acerté a distinguir hasta que mis ojos se acostumbraron; un proceso de varios minutos tras los cuales se reveló en la pared opuesta un tenue recuadro de luz. Pasé en esa sala una media hora en total, quizá, y en ese tiempo mi mente terminó vaciándose de pensamientos y experimentando una serenidad que tal vez solo sea posible por medio de la privación sensorial.

Salí de allí con una impresión de ingravidez, abandoné el recinto y me encaminé a la parada del autobús. Pero esta vez, mientras recorríamos lentamente esas mismas carreteras que llevaban de vuelta a Amberes, me fijé en la cantidad de tiendas de muebles e interiorismo que bordeaban la ruta. Nos aguardaba aquí la realidad económica en la que se traducía intentar recrear la experiencia Vervoordt en casa, o transformar el enfoque de Vervoordt en un estilo de vida que vender a las masas: tiendas con flojas imitaciones de objetos de diseño minimalista, como variantes de la lámpara de pie Flos Arco o la silla Barcelona de Mies van der Rohe. Mi serenidad se esfumó enseguida, mientras cruzábamos por delante de una tienda tras otra, todas con pilas altas y descuidadas de artículos, coloridas alfombras de pelo largo, tapices de lentejuelas y relojes decorativos. Recrear siquiera una fracción de esa serenidad en un hogar normal y corriente sería imposible; me impresionó pensar en la cantidad de riqueza que hace falta para bloquear el ruido exterior; desde luego en las condiciones capitalistas actuales, en las que miles de millones de personas nos vemos obligadas a trabajar más horas y, a menudo, repartidas en múltiples empleos. Reducida al *objet* —esto es, a material decorativo—, la idea del proyecto de Vervoordt, y el minimalismo más en general, deja de funcionar. Puede que solo Bill Gates y Bruce Willis posean hoy en día los medios necesarios para hacerle justicia.

En su libro de memorias *La ciudad solitaria*,[3] Olivia Laing se pregunta si la mala prensa que tiene lo de acumular no será una crítica clasista. Al fin y al cabo, tener muchas cosas solo es un problema para los que van faltos de espacio. Sobre la fotógrafa Vivian Maier, cuya extensa colección de pertenencias personales se ha aducido como prueba de disfunción, Laing dice: «Hablan de [su] manía de rebuscar en la basura, de que vivió como una rata toda su vida. Al ver el documental, no pude evitar la sensación de que la reacción de estas familias, al menos en parte, tenía que ver con el dinero y la posición social; con quién tiene derecho a la propiedad y qué ocurre cuando la gente acumula más cosas de las que

45

sus circunstancias y su nivel de vida le permitirían normalmente». Acumular no se considera casi nunca una disfunción entre los ricos, con esas casas sin fin: la noción deja prácticamente de existir una vez que entramos en ese mundo. Parecería posible, pues, que la austeridad y la ausencia de trastos hayan pasado a ser la fijación de una generación con una falta endémica de espacio por culpa de la escasez generalizada de vivienda y los alquileres disparados, y el estilo de moda que adoptan incluso las celebridades y las figuras públicas de esa generación, aunque puedan permitirse casas grandes.

La creciente popularidad de páginas web que ensalzan el parco diseño *mid-century*, como la británica The Modern House, una inmobiliaria y revista especializada en estilo de vida que se fundó en 2005 y que trabaja sobre todo con propiedades de diseño, llevaría a pensar que se ha hecho del vacío una virtud. A mediados de la década de 2010, esta autoridad en materia de encanto doméstico tenía ya una corte cuasifanática de adeptos, con miles de suscriptores y lectores diarios. Recorriendo las imágenes de su web, de casas desnudas y espaciosas en las que no parece que viva demasiado nadie, no es de extrañar que una generación de arrendatarios obligados a compartir piso por la escalada de precios, por ejemplo, puedan proyectar fantasías de una vida libre de tráfago, o de cosas. Pero, con su combinación de comercio electrónico y labor editorial, la web contribuyó también a la percepción —instaurada ya décadas antes, con la liquidación de la vivienda social— de la casa como objeto de deseo de consumo, y no como una necesidad y un derecho humano. Los agentes inmobiliarios llevan años en ello, por descontado, solo que ahora que tienen la revista de estilo de vida y el punto de venta en el mismo sitio se hace cada vez más difícil distinguir el reportaje de los intereses creados. Lo que es más, en virtud de satisfacer los baremos estéticos determinados en parte por The Modern House, las casas que se ofertan en su web lo hacen a un precio más alto que en otras, lo que agrava ese preciso problema del que la gente buscaba ahí evadirse virtualmente.

Materia gris

Si el objetivo era una abundancia de espacio libre —o cuando menos la apariencia de espacio libre—, eso explicaría la demanda creciente de casas oscuras e imponentes; aunque pueda parecer paradójico de entrada frente a la demanda de minimalismo y del estilo popularizado por The Modern House y webs similares. Lo que empezó en sofisticados enclaves urbanos no tardó en infiltrarse en los espacios de lujo, así como en el estilo residencial convencional, de modo que en el año 2020 un representante de la marca de pintura de interior Dulux me contó que la empresa había visto cómo se cuatriplicaban las ventas de pintura gris en cuestión de cinco años. Si bien la creencia generalizada —que se considera siempre cierta e incontestable— sostenía que el magnolia y el blanco eran las elecciones óptimas, porque hacían que los espacios pareciesen más amplios y aireados, esto atañía solamente a la satisfacción propia de la gente que vivía en ellos. Pero, si las impresiones y el capital cultural son más importantes que el placer personal, y si vemos nuestras casas cada vez más a través de la óptica limitada de una foto que tal vez compartamos con el mundo exterior, entonces los colores oscuros son un signo de abundancia: de una casa tan rica en espacio como para prescindir de trucos e ilusiones ópticas con los que agrandarla y expandirla. Y no solo eso, sino que alquilar, a fin de cuentas, es vivir en cajas estériles, equipadas al mínimo con comodidades modernas baratas y de plástico —lo que se conoce coloquialmente como «línea blanca»— por parte de caseros ansiosos por maximizar el rendimiento de su inversión. Alquilar significa tener vetada la decoración; y el espacio de uno, lo más despejado posible para atraer a la siguiente tanda de inquilinos. Si el blanco y el magnolia eran, para la clase baja y los aspirantes a clase media, los colores de la transitoriedad, el gris y otros tonos similares denotan en muchos casos *propiedad*: un anuncio de tu llegada al mercado para amigos, vecinos y una tropa de seguidores online.

Pero intervenía también otro factor en este oscurecimiento de las casas, cafeterías y tiendas de moda de Europa occidental y Norteamérica; ese momento a mediados de la década de 2010 en que descubrimos, al despertar, que las paredes, los marcos de las ventanas y las cocinas de esas residencias privadas y establecimientos comerciales estaban recubiertos de una gruesa capa de hollín industrial. Habían desaparecido el resplandor de tungsteno de sesenta vatios y el brillo de acero inoxidable de los exuberantes noventa y de la primera década del xxi, y lo que quedó en su lugar fue una bombilla de filamento dorado incandescente, follaje rico en clorofila, cazos de cobre y suelos de losas que absorbían la luz. Esta paleta dickensiana estaba en todas partes, millones de personas pintaron sus hogares, o al menos ciertos aspectos de ellos, de gris antracita, gris azulado o gris pizarra. Las calles de Bushwick y Williamsburg en Brooklyn, de Echo Park y Silver Lake en Los Ángeles, de Dalston y Stoke Newington en Londres, del 10.º y el 11.º Arrondissement en París y del Jordaan en Ámsterdam habían quedado transformadas en parques temáticos de una dicha pasada conocida solo por el reparto y el equipo de rodaje de series televisivas de época. Recorrer esas calles era experimentar una vida desaturada, cada escena bañada en un filtro monocromático y los mercados llenos de clientes con la chaqueta de faena raída y pantalones de sarga.

¿Cómo lo había hecho el Brooklyn del siglo xix para colarse en el Brooklyn actual y, más allá, en los vecindarios, más ricos, del Upper East Side? A fin de cuentas, los colores oscuros habrían sido la socorrida opción de los ocupantes originales de aquellos antiguos apartamentos y adosados para obreros que ahora estaban comprando profesionales del mundo corporativo. Porque, si el blanco había sido el color de los palacios y de las residencias ricas dos siglos atrás, o al menos de sus instalaciones fijas, ya que pertenecían a familias que contaban con medios para renovarlos con capas nuevas de pintura y limpiezas periódicas —por no mencionar que estaban a salvo también de los humos y del hollín de los barrios proletarios—, los colores oscuros eran la elección natural por parte de esas comunidades urbanas más pobres.

Pero achacarlo solo a un resurgimiento sería demasiado simplista, como lo es la explicación referente a la propiedad. Si la historia fue en efecto un factor, la respuesta resultó desde luego falsa en cuanto que puramente estética. A fin de cuentas, los vecindarios en los que surgió la tendencia ya no eran barriadas pobres, sino que se estaban convirtiendo a todo correr en algunos de los enclaves más ricos del mundo occidental. Para reflejar la realidad de la vida en el siglo XIX habrían tenido que adoptar el lustre de alto brillo de la opulencia, hacer gala de las doradas riquezas presididas ahora por un nuevo tipo de yuppie.

Una explicación más plausible es que estos vecindarios pasaron a asociarse con un perfil profesional, y hasta a convertirse en su emblema, y al mismo tiempo en una nueva entidad económica muy particular: el «creativo». Desde mediados de la primera década del XXI, la *creatividad*, la palabra en sí, se fue estirando a límites absolutos y lo abarcaba todo, del punto de cruz a la programación de algoritmos para la inteligencia artificial. En realidad, las «industrias creativas» se referían a cualquier cosa basada en medios impresos y digitales, y a la infinidad de formas que tomaron estos últimos: publicidad, relaciones públicas, gestión de redes sociales, representación musical, creación de contenidos, producción, edición, programación, comercio electrónico, marketing y diseño. Según los datos oficiales que publicó el Gobierno de Reino Unido en 2019, las denominadas industrias creativas representaban 3,2 millones de empleos, el 9,6 por ciento del total del país.[4] Por aclararlo, cuando me refiera al «creativo» a lo largo de este libro, no me estaré refiriendo al artista, al escritor ni al periodista, profesionales que cuestionan y plantan cara a la labor de la industria publicitaria y que deberían rechazar que se los catalogase terminológicamente a su lado.

Estas industrias —diversas, pero vinculadas por su dependencia común de la tecnología digital y online— resistieron hasta cierto punto el embate de la crisis financiera de 2008. En 2020, habían crecido supuestamente cinco veces más rápido que la economía británica y aportaban a esta trece millones de libras por hora.

Dejando de lado el hecho de que, según la lógica actual, la cuestión no parece tanto «¿en qué consiste una carrera creativa?» como «¿qué sería factible catalogar bajo el término "creatividad" para hacerlo más atractivo?», el nuevo yuppie, por toda esta serie de motivos, ya no se veía a sí mismo como una figura corporativa de traje y corbata: él disfrutaba de riqueza mientras mantenía la fantasía de una integridad moral y creativa. Su cuenta corriente tal vez recordase a la del corredor de antaño, pero su ropa se parecía mucho más a la de un beatnik; puede que contara con seguro médico prémium, pero la decoración de su casa recordaba a la de un limpiachimeneas tísico. La riqueza seguía terminando principalmente en manos de los miembros más establecidos y de mayor edad de estas industrias florecientes, mientras que los jóvenes principiantes, que eran quienes generaban en realidad la mayor parte, eran los más castigados por la laxitud de los protocolos laborales que la etiqueta «creativo» facilitaba: contratos temporales, explotación permanente de los falsos autónomos, pago en incentivos.

Las trampas burguesas convencionales de la clase empresarial no funcionan con el creativo publicitario sénior, a quien el negro antracita, por no mencionar un redivivo interés por la sarga, los mercados agrícolas y los productos del campo, le ayudan a satisfacer una noción de integridad artística. En su destacada obra *La distinción*,[5] analizando las preferencias culturales de los residentes de la *rive gauche* y de la *rive droite* de París, Pierre Bourdieu descubrió que aquellos que habían labrado su fortuna por medio de los negocios y la iniciativa empresarial tendían a ser *bon vivants* y a sentirse atraídos por manifestaciones más festivas, alegres y animadas de riqueza y posición —comidas delicadas y exquisitas, bandas musicales de la corte de Viena, los cuadros de Watteau y Renoir—, mientras que los miembros de la burguesía que habían alcanzado su estatus por medio de la educación, a la *Frasier*, preferían elementos más sencillos y rústicos: tiendas de antigüedades, «hallazgos» de segunda mano, ropa «sencilla», los cuadros de Goya y la música de Bach. Lo que estábamos presenciando entonces, en el revestimiento oscuro de la Soho House, en el maderamen de toda tienda de venta a granel y de toda cervecería artesanal, puede que fuera algo así como la combinación de esos dos grupos, junto con la esperanza que tenían muchos de desafiar los imperativos de la economía de mercado y combinar el prestigio del autor con la categoría salarial de un perito colegiado.

La existencia de este nuevo grupo económico tendría su origen en la rápida expansión de las tecnologías de la comunicación, que coincidió también casualmente con el crack financiero. Estas tecnologías no solo crearon toda una serie de empleos visuales por naturaleza —empleos que, en su mayoría, generaban bienes que se difundían vía pantalla—, sino que contribuyeron ellas mismas, con los mecanismos de recompensa altamente adictivos de su creación, a definir los estándares estéticos. Instagram y Pinterest habían reemplazado a los programas de reformas de los noventa, y sus funciones de *me gusta* y *compartir* dictaron una cultura de la conformidad y de la imitación. Paralelamente, esa falsa austeridad que podemos encontrar en las modas más frugales, naturales y sencillas de un mundo pos-2008 sirvió de oportuno contraste para una sociedad cuyas desigualdades seguían firmemente arraigadas. Muy apreciada por la clase media en ciernes, pintaba un mundo de proporciones rústicas, cuya apariencia externa resultaba más igualitaria y abierta que nunca antes. Atrás quedaban los alardes ostentosos de riqueza, creando así la apariencia de lo que, como le gustaba proclamar al Partido Conservador —en el poder—, era ahora una sociedad «sin clases» (John Major usó estas palabras en 1990 para exponer sus pretensiones inmediatas con Reino Unido).

En la época en la que empecé a vivir de alquiler, las casas se habían convertido en una extensión de nuestra identidad comerciable, y se decoraban conforme a ello y a una óptima compartibilidad online, lo que dio lugar a un sinfín de blogs de diseño de interiores centrado en espacios de escritorio con tableros de notas y artículos de papelería primorosamente dispuestos, pilas de libros y plantas: un minimalismo espartano en colisión con cierto grado de desorden «curado». Había niveles, por supuesto: para los ricos, profuso; para los jóvenes y escasos de dinero, más elíptico, en línea con la tendencia, mencionada antes, de intentar crear pequeñas estampas de respetabilidad en los rincones destartalados de habitaciones de alquiler. Con ello se ganaron el escarnio de la generación anterior, ansiosa por acusarlos de darse temerariamente al capricho, de gastar la futura entrada de una casa en café de cafetería, tostadas de aguacate y velas. Sin entrar siquiera en lo manido y exagerado de esta falsa observación, por no mencionar el absurdo asidero económico de la denuncia, cabe señalar el malentendido flagrante que lleva a considerar esto como el reflejo de cualquier tipo de exceso, y no lo contrario. Que artículos tan básicos como un *café*, una *rebanada de pan tostado* o una *hoja de papel escrito* se hayan convertido en objetos de deseo, al punto de que la gente se sienta impulsada a mostrarlos online, es tal vez la manifestación más gráfica de la crisis que hubo de enfrentar dicha generación. Que reivindicasen su puesto en el lujo compartiendo un cuenco de aceitunas picantes es más triste que otra cosa.

Para la generación que ha experimentado (en relación con sus padres) una movilidad social descendente, y para la que solo quedaba buscar la salvación y el estatus en el ámbito de lo virtual y lo visual, esas guías de interiorismo resultaban muy útiles, y respondían a las necesidades tanto de los más ilustres como de los que no tenían un céntimo. Así se explica el éxito de revistas como *The Modern House*, pero también *The Selby*, *Apartamento* y *Apartment Therapy*, que afianzaron su popularidad haciendo hincapié en la *frugalidad*, o al menos en una apariencia de ella. Eran revistas que se centraban en el arte de comprar de segunda mano, el reciclaje creativo, la customización y la adaptación, y quien las aupó fue una generación obligada a vérselas con espacios reducidos, cada vez más ingeniosa con sus reinos de una sola habitación, cuyas dimensiones podían disimularse o exagerarse recortando cuidadosamente una sola imagen. En el *shelfie*, que se popularizó también por esa época —un recurso empleado por las revistas para mostrar la personalidad del influencer o el famoso que estuviesen entrevistando, y que consistía en que el protagonista comentara los diversos objetos que lo habían *convertido en la persona que es hoy en día*—, una publicación recortó más que la mayoría.

Biblias del gusto

Kinfolk se lanzó en 2011, y a lo largo de la década siguiente pasó a representar el *summum* de una estética que definía el gusto medianamente culto: una realidad analógica que comprendía objetos de un poema bucólico y de una utopía modernista *mid-century*. Aunque tiene sede en Copenhague, y exporta una idea de diseño escandinavo, *Kinfolk* fue la creación de cuatro amigos norteamericanos que se habían conocido estudiando en el campus de la Universidad Brigham Young en Hawái. El primer hogar de la revista fue la ciudad de Portland, en Oregón, y el más famoso de sus cuatro fundadores, Nathan Williams —la «cara» de la marca, por así decirlo—, había comenzado su carrera como analista en Goldman Sachs. En 2016, *Kinfolk* tenía una tirada de ochenta mil ejemplares y, según afirmaba, el 70 por ciento de sus lectores trabajaba en lo vinculado a las denominadas «industrias creativas». La revista, que vio la luz solo nueve meses después de la creación de Instagram, pronto empezó a dictar la estética de filtro Kodak de los blogueros de estilo de vida de la plataforma. A finales de la década de 2010, quedaban ya pocas marcas online cuyo estilo visual no estuviese de algún modo en deuda con la visión idealista que ofrecía *Kinfolk* de métodos y artículos artesanales, productos ecológicos, ropa y textiles con tintes naturales, frugalidad y un simultáneo eclecticismo.

En muchos aspectos, la estética *Kinfolk* suponía una reinterpretación moderna de lo que había difundido en su día una revista muy anterior, *Connaissance de la Campagne*, examinada también por Bourdieu.[6] Esta guía francesa de interiorismo y estilo de vida *mid-century*, que Bourdieu aborda por su tendencia a «apropiarse la "naturaleza", pájaros, flores, paisajes», promovía tendencias que, si bien más rurales, más ligeramente conservadoras, recordaban mucho a *Kinfolk* por su hincapié en la sencillez y en una vida más pausada. La revista, afirmaba Bourdieu, «supone una cultura, privilegio de las gentes con raíces antiguas. Poseer un castillo, una casa solariega, incluso una buena casa de campo, no es solo una cuestión de dinero; es preciso también apropiárselos, apropiarse la bodega y el embotellado, descrito como "un acto de profunda comunión con el vino" que los "fieles del vino" deben haber realizado "por lo menos una vez", apropiarse de los recuerdos de la caza, de los secretos de la pesca y de las recetas de jardinería, competencias a la vez antiguas y que solo se adquieren con el tiempo, como la cocina o el conocimiento de los vinos, en una palabra, apropiarse el arte de vivir del aristócrata o del campesino, su indiferencia hacia el tiempo que pasa y su enraizamiento en las cosas que duran».[7]

Connaissance de la Campagne y publicaciones similares insistían en el valor del sosiego y la tradición. Los hogares más deseables eran los que portaban los signos de su linaje, ya fuese por antigüedad como por incluir viejas reliquias o creaciones que eran producto de recetas y técnicas familiares conservadas desde antaño. Pero, como señala la autora Lynsey Hanley en su libro en torno a la clase, la movilidad social y los modales, *Respectable. Crossing the Class Divide*,[8] las tradiciones en cuestión favorecen necesariamente a las clases altas, dados los impedimentos prácticos que enfrenta la clase obrera a la hora de preservar cualquier tipo de vínculo de generación en generación. No es solo que las exigencias del trabajo le dejen a la mayoría de las personas poco tiempo para mantener tradiciones prácticas, sino que los mecanismos de conservación cultural se han visto diezmados a base de empujar a cierta gente a avergonzarse de sí misma y de sus orígenes: gente que, para *ir subiendo*, debe ver con suspicacia y desconfianza a esos amigos y familiares que de otro modo servirían de fundamento de una firme y sólida identidad. «[Algunos] consideran esta profunda pérdida como un legado familiar cuya transmisión continuada deben romper por el bien de sus propios hijos —dice Hanley sobre las reglas que impone el sistema de movilidad social—. Hacer esto último puede exigir que uno abandone (física y socialmente, cuando no emocionalmente) el entorno en el que se formó su carácter. Y, con ello, se arriesga a generar otra escisión, otra fuente de pérdida, en la historia de su familia. El lugar del que viene, dice ahora la historia, no es suficiente. [...] El problema llega cuando empieza a pensar algo del estilo "Yo creo que tiene que haber una vida mejor", una idea que el resto pasa a interpretar como "Te crees mejor que yo"». Las labores que veneran y transmiten estas publicaciones, pues (el ganchillo, la costura, la confección de vestidos, la alfarería, la preparación de conservas), a menudo solo pueden transmitirse entre generaciones de un sector demográfico muy concreto, y su valor queda ligado a la insinuación de cierta cercanía a la riqueza y al estatus, así como a la disponibilidad de tiempo libre. Este valor puede ser primario o secundario: la propia habilidad de cultivar y perfeccionar una labor determinada, o la posibilidad de permitirse artículos confeccionados por otros. En ambos casos se aplica el mismo principio: ese anhelo por productos que son, o al menos tienen la apariencia de ser, caseros y artesanales lleva aparejada una seña de distinción que se deriva de la inmensa cantidad de tiempo dedicado a su creación, ya sea en el sentido inmediato del tiempo que ha llevado confeccionarlos, o en el de ser producto del saber acumulado por varias generaciones. Es específicamente la cualidad industrial de los artículos que sirven para equipar los hogares de tantísima gente en el mundo, gente que no tiene ni los medios ni el tiempo para modificar sus hábitos de consumo, lo que dota a lo artesanal de un atractivo y de un valor de mercado superiores.

Tal vez sea obvio, pero vale la pena señalarlo. Si la distinción se basa siempre en la posibilidad de acceder a los productos más escasos y, por tanto, más codiciados, los modelos de sobreproducción que caracterizan la actual época capitalista han convertido el tiempo en un lujo: las viejas tradiciones, los recipientes y demás objetos de trabajadísima artesanía, que nos exigen «aflojar el ritmo» para usarlos. Terrarios, macetas, kits para iniciarse en la preparación de masa madre casera imponen todos ellos un precio de venta que resulta desproporcionado en relación con su utilidad práctica, y eso pese a que la «utilidad» es el eje principal de su posicionamiento de marca. Como ocurre con todo en el capitalismo, incluso esa impermeabilidad al estrés y a las tensiones de la vida diaria, incluso la pausada evolución y preservación de las tradiciones en las que incide la sensibilidad estética que ensalzan firmas como Axel Vervoordt y revistas como *Kinfolk*, se puede copiar, simular o virtualizar artificialmente. Esto nos lleva a la peculiar historia de Gin Lane, una agencia creativa fundada por el emprendedor Emmett Shine y responsable de algunas de las marcas más populares de la década de 2010, entre ellas la cadena de moda Everlane, la línea de artículos para el afeitado Harry's y el restaurante de ensaladas Sweetgreen: empresas encauzadas al éxito con una sensibilidad estética sacada directamente del manual estratégico de *Kinfolk*. Por medio de colores tenues, tipografías pragmáticas y una fotografía natural, consiguieron darle un giro moderno al pantalón de algodón (Everlane), la cuchilla de afeitar (Harry's) y la modesta ensalada del almuerzo (Sweetgreen).

Sin embargo, y pese a haberse hecho un (algo inverosímil) nombre por este camino, Shine, el fundador de Gin Lane, anunció en 2019 que se proponía cambiar de enfoque. En respuesta a lo que denominó la «cultura del *burnout*», decidió llevar sus dotes y el alcance de su agencia creativa a *la vida misma*, la única cosa que quedaba por someter toda ella a un *rebranding*. El resultado fue Pattern, una empresa de directrices difusas que prometía traer, en algún momento, productos y servicios que irían desde charlas sobre las bondades del mindfulness hasta robustos utensilios de cocina, salvamanteles y soluciones de almacenaje para escritorios. La web de la marca contiene una invitación a unirnos a «su familia», y en una versión anterior la cabecera de la página mostraba una bucólica ilustración con un prado, montañas, una casita y un melocotonero, y un letrero en lo alto que decía: PATTERN ES UNA FAMILIA DE MARCAS DISEÑADAS PARA AYUDARTE A DISFRUTAR DEL DÍA A DÍA. Estas marcas incluyen a Open Spaces, con una gama de soluciones de almacenaje para el hogar con nombres que recurren a la terminología del patrimonio común; Letterfolk, que vende juguetes y accesorios diversos, como un «letrero personalizable hecho a mano» o «relojes nostálgicos», inspirados, según la bio de su cuenta en Instagram, en «épocas más sencillas»; y Yield, una tienda de «menaje» y productos de «botica» que tira de lenguaje agrícola. Los visitantes de la web de Pattern pueden explorarla por producto o por «personaje», entre los que tenemos a «el Organizador», «el Artista», «el Chef Casero» y, sí, adivinaste: «el Curador». Como subrayaba la periodista Anne Helen Petersen, Pattern era un gran ejemplo del nivel de contradicción que implicaba una parte enorme del *branding* moderno, pues su objetivo manifiesto era ayudar a la gente a dejar atrás el artificio de la publicidad y el consumismo moderno. En palabras de Petersen, Pattern era «una marca creada, con catorce millones de dólares en capital de riesgo detrás, para remediar lo que las marcas habían generado».[9]

Esto nos lleva de nuevo a nuestro amigo Nathan Williams, que después de muchos años trabajando en *Kinfolk*, dio un paso atrás para convertirse en el director creativo de la cadena canadiense de librerías Indigo. Muy al estilo de la web de Pattern, la bio de Instagram de Indigo afirma que se trata, en Canadá, del «mayor proveedor de ideas e inspiración con las que enriquecer tu vida #yourhappyplace», tras lo cual vemos infinidad de posts con imágenes de paisajes marinos, camas situadas en bosques, chimeneas y surtidos de untables exquisitamente dispuestos. Y, como si la primera función de nuestra madre hubiese consistido en vendernos productos de belleza por medio de tutoriales de maquillaje, un pie de foto la describe así: «Mamá, la primera. Mamá, la amiga. Mamá: tu influencer original». En una entrevista para *Vanity Fair* en 2020, Williams explicaba su papel en Indigo y cómo le había servido la experiencia en *Kinfolk*, y lo hacía invocando a un bucolismo corporativo y hueco que daba la impresión de cerrar por fin el vínculo entre la estética de la revista y su labor de ocultación de sus objetivos comerciales: «Hemos estado haciendo grupos focales, preguntándoles a nuestros clientes, ¿cuáles son vuestros puntos de dolor? Y son exactamente los mismos en los que nos centramos en *Kinfolk*. La gente dice: "Estoy conectadísimo digitalmente, pero siento siempre una falta absoluta de conexión real. ¿Cómo encuentro un equilibrio? ¿Cómo encuentro una comunidad?"».[10] La lógica previa a la expansión de este bucolismo corporativo habría sido renunciar por completo a las redes sociales, ganar tal vez menos dinero y desvincularse de casi cualquier forma de publicidad moderna. Pero, a medida que íbamos más allá de esa lógica, lo que hicieron las agencias creativas ejemplificadas aquí, y sus revistas asociadas, fue crear una serenidad virtual, una que se pudiera alcanzar por medio de experiencias de compra y charlas online, y cuya cuota de entrada pagaríamos de manera casi automática y sin titubeos; así de desesperados estábamos por remediar las tensiones que se suscitaban en cualquier otro rincón de la pantalla.

El decano del milenial chic había dicho al final explícitamente lo que siempre habíamos sabido: que el equilibrio, la comunidad y la utilidad se estaban usando para servir a los fines del capital. Si podía cogerse lo contrario al trabajo y al comercio —el descanso, la relajación y la desconexión del capitalismo— para simularlo y vendérnoslo, entonces no había manera de escapar de la realidad del comercio y de la publicidad. Como afirma Debord: «Prisioner[o] en un universo degradado, reducido por la pantalla del espectáculo detrás de la cual ha sido deportada su propia vida, [el espectador] no conoce más que los interlocutores ficticios que le hablan unilateralmente de su mercancía y de la política de su mercancía».[11]

La fagocitación absoluta de la realidad en este lenguaje del marketing visual se había consumado, existía un nuevo mundo, uno cuyos perjuicios podían solventarse con algún otro producto, servicio o charla adicional. En consecuencia, se diría que no hay moralidad más allá del consumismo. Cada persona quedaría reducida a sus hábitos de consumo, lo que dejaría el camino libre para convertir en una figura santificada al comprador iniciado y sagaz, y en un bellaco al que se ve obligado a comprar rápido y barato.

TÁCTICAS BARROCAS

Cuando nos paramos a analizar un minimalismo como el descrito aquí, difícil de recrear en la práctica, su contrario no es la basura producida en serie, sino las doradas riquezas. El Barroco hace referencia a una fase concreta en la historia del arte que siguió al Renacimiento y al Manierismo italianos y holandeses, pero que también, más coloquialmente, ha pasado a denominar todo aquello excesivo y chillón. Pensemos en *La reina de Versalles* (2012), un documental de Lauren Greenfield que cuenta la historia de cómo el magnate de las vacaciones a tiempo compartido David Siegel y su esposa, Jackie, se embarcaron en la ambiciosa —y frustrada— empresa de construir una de las mansiones más grandes de Estados Unidos. La Casa de Versalles se inspiraría en parte en el palacio francés del mismo nombre, solo que esta vez se levantaría en Orange County, Florida. Es una historia de idiotez y exceso que demuestra hasta qué punto el imaginario capitalista de Estados Unidos ha terminado disociado de toda lógica y sentido común, y en la que los Siegel dilapidaron prácticamente todo lo que tenían en un edificio de proporciones caricaturescas que ocupaba más de ocho mil metros cuadrados, todo ello mientras la recesión que vivía el país asediaba los negocios de Siegel. Ver cómo se desarrolla su historia resulta emblemático, es como ser testigos en directo de la culminación definitiva de la sentencia de Sudjic, la arquitectura «seduciendo a sus adictos conforme van construyendo cada vez más y a una escala cada vez mayor»: la capitulación final de la riqueza frente a la *grandeza*.

Pero lo que hace, en parte, que el espectáculo de los Siegel resulte tan entretenido es lo básico y desfasado que resulta. La sociedad tiende a perdonar la riqueza extrema cuando plantea unas trampas psicológicas algo más sofisticadas y complejas. ¿Cuántas veces hemos tenido que oír a algún pelmazo diciendo que Warren Buffett vive en una casa de tamaño modesto, por ejemplo, como si los gustos modestos absolviesen a alguien de su papel en un sistema de clases explotador? La casa de Trump, en cambio, fue motivo de escarnio por parte de los opinólogos. Como decía Peter York en su artículo para *Politico*: «Estos hogares no existen para expresar una pasión personal por el coleccionismo o unos gustos evolucionados. ("Si buscaban un motivo para invadir Irak —escribió una vez el comentarista satírico P. J. O'Rourke, describiendo las lámparas de araña de Saddam—, con delitos de interiorismo habría bastado"). Los dictadores son incapaces de entender cómo puede atraerle a alguien ese encanto afablemente comedido que tienen las casas de los ricos de toda la vida en Cambridge, Inglaterra, o en Cambridge, Massachusetts. ¿Por qué preferirlo antiguo cuando puedes conseguirlo nuevo, mate cuando puedes conseguirlo brillante, pequeño cuando puedes conseguirlo enorme? No hay sutileza ni moderación, no digamos ya ironía».[12]

Lo que olvida este análisis, sin embargo, es que, independientemente de que el propio Trump compute esa ironía, las imágenes poseen cierta existencia al margen de su creador. El hogar de Trump, como su presencia mediática al completo, poseía un deje irónico que, por desgracia, solo le valió la simpatía de los votantes. Y obviaba también que el Barroco porta consigo un subtexto que no es preciso entender intelectualmente para entender implícitamente, gracias a lo que ha terminado representando a lo largo de tantos siglos. Esta estética, que marca un punto de partida respecto a las convenciones clásicas sobre el arte en una era de capitalismo global, comporta un rechazo evidente a los saberes heredados, a su tutela y a la posteridad. Fomentada en un primer momento por la Iglesia católica, fue adoptada rápidamente por la aristocracia europea y por una pujante clase mercantil que andaban beneficiándose del botín del colonialismo y que, en un pulso por exhibir sus riquezas, llevaban las dimensiones y la complejidad de los edificios, esculturas y cuadros que encargaban a límites cada vez más extremos. Antes de su aparición —y tenemos un ejemplo espléndido de ello en el Renacimiento italiano y flamenco—, el arte que recibía el favor y el apoyo de la aristocracia europea se asentaba en la idea de la maestría: en antiguas dinastías artísticas forjadas en un número reducido de talleres preciadísimos; generaciones de saber que se transmitían por medio de un sistema cuidadosamente protegido de instrucción. El Barroco, por el contrario —y, desde luego, el Barroco tardío y el Rococó—, tendía a ser la manifestación de una riqueza reciente que desdeñaba los caminos protegidos de la alta cultura y su enseñanza, que rompió con las convenciones y dictó que el arte y la expresión creativa se liberasen de las reglas y restricciones anteriores. La clase capitalista, que no estaba necesariamente instruida o versada en los usos de las bellas artes, veía tiranía en el mecenazgo del arte y en los estándares que defendía (sin caer en la cuenta, u obviando flagrantemente, tal vez, la tiranía que representaban ellos mismos para millones de personas subyugadas en todo el mundo).

No es de extrañar, pues, que la estética barroca disfrutara de una suerte de *revival* en la cultura británica y estadounidense a lo largo de los ochenta y entrados los noventa del siglo pasado, coincidiendo en parte con los años de Thatcher y Reagan, siendo como fue una época de liberalismo económico. Pero esa tendencia, y el Barroco en términos generales, terminaría también satirizada, a través, por ejemplo, de la producción de marcas como Versace, en la que se exageraban los colores intensos, los detalles dorados y los motivos orlados del estilo, a modo de réplica irónica tanto a los valores más tradicionales y conservadores de la Iglesia como a las corrientes culturales típicamente WASP [blancas, anglosajonas y protestantes] que imperaban en la alta sociedad estadounidense. Una de las características definitorias del protestantismo había sido, claro está, su humilde rechazo al exceso católico. La relación se complicó considerablemente, aunque no solo, por la exportación del protestantismo —y, en particular, del presbiterianismo— a Norteamérica en los siglos XVII y XVIII, donde lo profesaba la élite.

Como ya hemos mencionado, Bourdieu descubrió que los *nouveaux riches* y quienes se hacían ricos por medio de los negocios, el comercio y la iniciativa empresarial en el siglo XX seguían prefiriendo no obstante las obras de Watteau y de Pierre-Auguste Renoir: este último, impresionista por vecindad y por ciertos enfoques pictóricos, pero barroco en espíritu, muy a la manera de Watteau, que revivió, o cuando menos ayudó a preservar, el interés popular por la temática romántica, los detalles floridos y los tonos pastel sobresaturados. En lo que puede interpretarse, por tanto, como una fábula perfecta de la popularidad contemporánea de la derecha, Trump tenía un Renoir *falso* en la pared de su apartamento. En una entrevista a Melania Trump a cargo de la periodista Greta Van Susteren, de Fox News, y también en otros tantos clips emitidos en diversos canales, se podía ver un marco dorado que encuadraba la imagen de dos figuras femeninas, ambas con sombrero, sosteniendo un cesto de flores, ejecutado con pinceladas temblorosas que las dotaban de esa cualidad velada y etérea, moteada de sol, renoiriana por antonomasia. En realidad, la obra era una réplica de *Dos hermanas en la terraza* (1881), que se conservaba en el Art Institute de Chicago desde mediados de los años treinta. Según cuenta el periodista Tim O'Brien, la réplica había decorado en su día el interior del jet privado de un hombre de negocios, donde O'Brien trató de convencer a Trump de que se trataba de una falsificación obvia, una idea que en aquel momento el futuro presidente rechazó de plano.

Como sostiene Debord: «La desaparición del arte histórico que estaba ligado a la comunicación interna de una élite, que tenía su base social semiindependiente en las condiciones parcialmente lúdicas vividas todavía por las últimas aristocracias, traduce también el hecho de que el capitalismo conoce el primer poder de clase que se declara despojado de toda cualidad ontológica, y cuyo poder enraizado en la simple gestión de la economía es igualmente la pérdida de toda soberanía humana».[13] Si el Barroco había llegado al mundo como un rechazo a la tradición pasada y una celebración del exceso sin freno —como una estética divorciada de la tradición o del antiguo esquema ideológico—, terminó adquiriendo con el tiempo el estatus emblemático de los ricos en dinero y arruinados en cultura, de los que se creían despreciados y ridiculizados por el establishment cultural, los cuales, en un acto de subversión, ejercían ese rechazo como un gesto de orgullo. Así las cosas, esta estética dorada, imperialista, se había convertido en emblema de cierta clase de irreverencia mordaz; también, en parte, a causa de internet y su tendencia a reducirlo todo a apariencia, y que hacía difícil discernir entre ejemplos de exceso puro y duro y las formas en que se parodiaba e ironizaba con el Barroco. Llamarlo «estúpida vulgaridad», por tanto, es una conclusión demasiado facilona e insuficiente.

Donde se equivocaba Peter York, y donde otros comentaristas como él podrían haberle dado incluso un empujón a la popularidad de Trump, fue en pensar que la estética del dictador, como la denominó, era un elemento secundario en su éxito, y no su piedra angular. Para quienes se han sentido humillados por un sistema de clases degradante y por la desigualdad —por no mencionar una prevalencia del capital cultural que estaba llegando a niveles cacofónicos—, la riqueza descarada y sin remordimientos de Trump tal vez transmitiera rebeldía, resistencia y orgullo. Aun sin saberlo Trump, aun sin ser conscientes nosotros, sus elecciones estéticas entrañaban un conjunto muy expresivo de significantes. Así es como, paradójicamente, ese retablo dorado de los pecados se volvió prácticamente inmune a las críticas.

Si Trump es la encarnación de la riqueza y de la falta de gusto, Boris Johnson, con un ligero ajuste en el modelo, es la encarnación de la riqueza y la falta de cuidado; donde «falta de cuidado» se refiere tanto a una aparente y encantadora ineptitud como a una impermeabilidad al juicio ajeno. Las fotos del interior del 10 de Downing Street, transformado de la mano del cariñoso esmero de la pareja de Johnson, Carrie Johnson (de soltera Symonds) en las estancias de un colonizador, con tapices de safari y retratos al óleo de personajes locales, avalan desde luego esta segunda definición. Aunque el estilo de Johnson, muy en la línea de la sala de estar de la princesa Ana, contenía los símbolos de la riqueza heredada, junto con sus accesorios, mucho más anticuados y caseros que esa marcha trumpiana de encimeras de mármol y remates dorados sin fin, ambos ejemplos transmiten un rechazo a la estética remilgada y a todas luces ansiosa de la pujante clase profesional.

Que estas casas no despertaran terror en las mentes del electorado se explica en parte por el giro tan grande que había dado el estilo aspiracional hacia lo austero y lo despojado. Era nuestra fijación con la sencillez, irónicamente, la que estaba sufriendo una ridícula canibalización a manos del capitalismo, la que se estaba transformando, a la manera barroca, en un pastiche. En un mundo en el que las personas tienen valor de mercado, en el que nada resulta más peligroso o amenazador para alguien con bajos ingresos que la insinuación de que tal vez sea un ignorante, un tonto, carente de gusto, y, a causa de las fuerzas descritas anteriormente —la creciente ubicuidad de las redes sociales y la insistencia corporativa en la imagen y la conformidad—, la popularidad de estos líderes empieza a cobrar más sentido. Al margen de lo descarados que puedan haber sido sus alardes de riqueza, *debido*, de hecho, a ese mismo descaro, o a esa aparente ignorancia, daban la impresión de legitimar un delito del que, en esta sociedad nuestra obsesionada con la imagen, millones de otras personas los acusaban a ellos.

Por un lado, pues, vemos que las trampas chillonas de la Trump Tower, y en menor medida la remodelación del 10 de Downing Street, tal vez no presenten el mismo espectáculo atroz para todo el mundo, que tal vez representen incluso algo más sincero, llano y cercano que los modos generalizados del buen gusto que encontramos en el ámbito corporativo-profesional. Y no solo en cuanto que símbolos, necesariamente, de creencias y actitudes perniciosas. La casa de los Kardashian-West, con ese chic a todo trapo, esa sutileza anabolizada, servía de ejemplo más extremo de una tendencia que llevaba muchos años desarrollándose, y a la que, con su rechazo patente a la riqueza y a la producción en serie, se la podía acusar también de hipocresía.

El armario de Carmela

Como tantas otras cuestiones que solo pasaron a ser más evidentes años después de que se emitiera por primera vez, *Los Soprano* nos ofrece una escena que sintetiza a la perfección algunas de estas ideas. Centrada en la vida del jefe de la mafia Tony Soprano, esta serie de HBO adoptó un enfoque poco ortodoxo del formato gángster introduciendo la dimensión del psicoanálisis. Cuando Tony sufre ataques de pánico y busca la ayuda de la psiquiatra Jennifer Melfi, empieza a desplegarse una tesis fascinante en torno a los impulsos subconscientes del hombre moderno, el ciudadano estadounidense y el inmigrante de segunda generación. *Los Soprano* aborda entre otras cosas la hipocresía criminal del sector bancario del país y la violencia contenida en su imagen del paraíso residencial, así como en la denostación de las comunidades inmigrantes con un acceso limitado a las vías oficiales de empleo. Para mí, y seguro que para muchos espectadores, donde más esclarecedora resulta la serie es en sus intereses domésticos, un ámbito en el que el personaje principal, Tony, aspira a reconciliar la naturaleza sangrienta de su trabajo con las respetables aspiraciones que alberga para su familia. Su esposa, Carmela, su hija, Meadow, y su hijo, Anthony Jr., conforman un reflejo disfuncional, pero afinado en muchos aspectos, de los valores de la sociedad estadounidense, y, a lo largo de seis temporadas, sus éxitos y fracasos, sus penas y alegrías, nos llevan a preguntarnos qué estamos dispuestos todos a ignorar, o de qué estamos dispuestos a renegar, a cambio de lograr cierto nivel de holgura económica.

La escena en cuestión aparece en un episodio de la primera temporada, «A Hit is a Hit» [«Un éxito es un éxito»], un juego de palabras que hace referencia, por un lado, a la suerte de Tony llevando a cabo un atraco reciente y, por otro, a su estupendo juego en el campo de golf. En él, el vecino de Tony y médico de la familia, Bruce Cusamano, lo invita a echar un partido de golf en el club local. Tony acepta la invitación con la esperanza de que le permita alternar con los *meddigans* —término italoamericano con el que se designa a los estadounidenses blancos que no tienen ascendencia italiana— y, en última instancia, aprender algo sobre jugar en bolsa. El episodio, que incluye además una trama algo más compleja protagonizada por el joven mafioso Christopher Moltisanti y un gángster rapero, hace un tratamiento impresionante de cuestiones vinculadas a la posición social y al capital cultural. Aunque el gusto es un tema tácito de la serie, y va atravesándola con modas e interiorismos muy característicos —protagonistas ahora ellos mismos de millones de blogs y cuentas de Instagram—, en este episodio, y en algún otro, es el eje explícito del argumento.

En el transcurso de ese partido, los amigos de Cusamano interrogan a Tony acerca de temas que van desde *El Padrino* (1972) hasta Al Capone. No es la interacción que él había esperado. A pesar de todas las bravuconerías con las que responde, el relato que le hace a Melfi más tarde revela que el suceso le ha dolido de un modo más profundo, como vemos también en la escena de cierre, en la que Tony aparece levantando pesas en el banco mientras suelta una serie de suspiros angustiados. Comprendemos entonces que Tony quiere sentirse aceptado por la América respetable y, en muchos aspectos, integrarse, en un arco temático que se expande en las interacciones con sus hijos: la precoz Meadow y el nihilista Anthony Jr., que con sus respectivos despertares intelectuales y profesionales plantean su propia serie de retos existenciales.

Cuando Cusamano le reconoce al fin a Tony, cobardemente, que no puede hacer que lo admitan como miembro del club, no es solo como resultado de su profesión, sino, sospechamos, por su incapacidad, o quizá su rechazo, a doblegarse y satisfacer la óptica turística de la clase media establecida.

En términos materiales, Tony no es para nada distinto de sus nuevos conocidos, vive en el mismo tipo de vecindario y disfruta de muchos de los mismos lujos. Lo que le falta, claro está, es capital cultural; o, por usar el término corriente en la New Jersey de principios de los 2000, con cautela e ironía, por supuesto, lo que le falta es *clase*. Puede que el ejemplo de Tony Soprano llame la atención aquí, pero sirve para mostrar que la brecha de significado que había experimentado la palabra «clase» reflejaba una complejización de la dinámica del mundo real, al menos en el mundo real de los Soprano, donde la movilidad económica y la social no siempre iban de la mano. Y transformó también con ello las desigualdades que percibían las comunidades inmigrantes, consideradas ahora como una peculiaridad de la personalidad o del carácter, lo que reforzaba el estatus *de facto* de las jerarquías de clase y convertía a su vez ciertos objetos en un signo incuestionable de éxito y pureza moral.

Antes de ese partido de golf, Cusamano invita a varios amigos a cenar en casa, entre ellos a la doctora Melfi. En cierto momento de la noche, esas amistades comentan lo extraña que es la presencia de Tony en una calle por lo demás tranquila y respetable, y su posible efecto en los precios de las casas. Cusamano se defiende de las críticas por relacionarse con Tony alegando que no hay grandes diferencias entre las actividades de un gángster y las prácticas sin escrúpulos del sector de las finanzas corporativas, a lo que las mujeres de la mesa reaccionan horrorizadas: una estimación bastante ajustada de las tendencias conservadoras cristianas que se concentraban hipócritamente entre las amas de casa blancas de la clase media. A continuación, los amigos comentan una fiesta benéfica celebrada recientemente en el jardín de los Soprano y en la que les había sorprendido la ausencia de pistolas y de violencia explícita. Dentro de los parámetros morales de una serie de ficción que minimiza necesariamente el impacto de la violencia, la conclusión es que la clase media corporativa estadounidense no está en posición de andar lanzando calumnias morales.

Es aquí, sin embargo, en un punto de inflexión y de posible despertar, donde el guionista David Chase deja caer un toque anticlimático que justifica las alabanzas de la crítica hacia la serie y que sintetiza una enorme disonancia en el núcleo de la identidad estadounidense (y, por extensión, la occidental). Jeannie Cusamano, la esposa de Bruce Cusamano, aunque admite la corrección del evento organizado por los Soprano, saca a colación delante de sus invitados algo mucho menos perdonable que las armas: «... Pero ¿y ese bar? —dice—, con todo ese cristal de Murano *goombah*...».

La urgencia con la que se ríen los invitados sugiere no tanto diversión como una sensación de alivio al ver confirmada la superioridad de sus gustos. El cristal de Murano es un estilo colorido, muy característico, que engloba diversas técnicas, como el vidrio marmolado de Calcedonia y el vidrio opalino o lechoso conocido como *lattimo*, todos ellos elaborados tradicionalmente en la isla de Murano, al noroeste de Venecia, y denostados durante décadas (más recientemente ha habido un popular resurgimiento en el que se han llegado a vender cristales originales por varios centenares de libras en portales online).

El comentario de Jeannie Cusamano encierra un desdén evidente, pues *goombah* es el término coloquial italoamericano para referirse a los miembros de la mafia, y va cargado de puritanismo, tanto literal (vestigio del prejuicio blanco y presbiteriano hacia la cultura católica) como metafórico (la mezcla de insipidez general y respetabilidad con la que la mente de la clase media estadounidense juzga los gustos burdos y exuberantes de sus vecinos inmigrantes). Según las normas del grupo dominante, no es posible que distintos gustos alternativos coexistan horizontalmente, sino que hay que ordenarlos conforme al puesto que ocupan en la jerarquía social.

Que se mencionen las preferencias de Carmela y Tony en materia de vidrio en mitad de una conversación más amplia sobre las conexiones criminales de la familia muestra que el «mal gusto» no se considera solo una prueba de estupidez e ignorancia, sino también un defecto *moral*: el cristal de Murano (en aquel momento, al menos) casi constituía un delito peor que el asesinato. Este episodio flagrante no le pasa desapercibido a Melfi, que replica que a ella sí le gusta el cristal de Murano, postura que comparto: me gusta en concreto el *millefiori*, o «mil flores», que era el que mi abuela traía siempre de sus vacaciones en forma de pisapapeles, jarrones y tazas, con pepitas de brillantes colores incrustadas.

En este aspecto, la premisa mafiosa de *Los Soprano* le da la oportunidad a David Chase de plantear cuestiones en torno al capital cultural y al gusto, por medio de personajes que gozan de dinero y de notoriedad, pero con un estatus cultural que los sitúa muy lejos del reino de la sociedad estadounidense respetable. No pretendo decir con esto que la alienación social que experimentan los protagonistas constituya algo equivalente a la pobreza, tan solo subrayar cuánto más difícil es escapar de la pobreza en esas circunstancias, y la falsedad que envuelve a la idea del Sueño Americano. El triunfo de la serie gira en torno a la posibilidad de identificarse con esta experiencia, al sentimiento de exclusión que alberga tanta gente que tiene vetado el paso a las vías oficiales del poder y el éxito. Puede que la violencia mafiosa sea un prisma más extremo desde el cual explorar este fenómeno, pero la verdad esencial, la verdad que sirve de base para el defecto trágico y fundamental de Tony, es una con la que millones de personas pueden identificarse fácilmente.

3

La moda

Mírate al espejo y quítate un accesorio.
Coco Chanel

Aquella mirada voyerística que me había ayudado a sobrevivir a horas y horas de trabajo como profesora particular y canguro me acompañó a mi siguiente empleo en edición de revistas, en el que aparecía todos los días con algún modelo improvisado usando lo que tuviera en el armario, tratando de ignorar las risitas de colegas cuyo pequeño orgullo por acumular las últimas modas me parecía, de todos modos, siempre patético. Había conseguido el puesto a través de un contacto, después de años escribiendo artículos gratis para otras revistas, lo que parece indicar que los procesos de contratación oficiales que encontraba en internet no me proporcionarían jamás un trabajo real, al menos en ese campo concreto, y que solo conociendo a gente tenía alguna posibilidad de que me tuviesen en cuenta. Eso me llevó a exponerme lenta y penosamente en los entornos apropiados durante un largo periodo de tiempo, y a hacerlo de un modo que me resultaba incómodo y difícil, siendo como soy poco hábil socialmente, y más en grupos numerosos. El primer día me puse un jersey beis y una falda plisada, con un estampado de leopardo naranja, que me llegaba por la rodilla: ambas prendas, cosas que me habían dado amigas que ya no las querían, lo más cercano que tenía yo a algo con estilo. Por

71

aquel entonces, vivía en un piso ocupado en Shadwell, en el este de Londres, con personas que no conocía, y el proceso de arreglarme incluía meter a pulso en mi cuarto un espejo roto y enorme que habían dejado fuera, en un corredor exterior que bordeaba el tejado y llevaba a la finca de al lado. Así era también como accedía a la ducha, lo que significa que tenía que salir envuelta en una toalla durante todo el invierno. Todavía andan por ahí las fotos en el espejo, conmigo encorvada, intentando ver entera mi extraña indumentaria en la superficie corroída y moteada del cristal a la escasa luz que entraba por las persianas rotas.

Mi sueldo inicial, aun estando en Londres, era de quince mil libras. A cambio de esa suma, me encargaba de procesar el papeleo en relación con el altísimo salario de mi jefe, y también sus gastos, que incluían recibos de ropa, suites de hotel en París, Milán y Nueva York, y unas tremendas rondas de copas para establecer contactos en el sector. En su tiempo libre, este hombre trabajaba como poeta de guerrilla, invadiendo espacios publicitarios públicos (previo pago) con aforismos sobre la tristeza, la muerte, la pobreza y la alienación. Llevaba chaquetas de faena, pantalones de algodón peinado, camisetas negras y holgadas y zapatos *creepers*: un look que decía «aspirante a Rimbaud de mediana edad». En los trayectos en taxi que me hacía pedirle casi cada día, se ponía a garabatear versos en la Moleskine, a planear nuevas instalaciones de arte con un bolígrafo Sharpie, desdeñando portátiles y iPads. Andaba a menudo hojeando ejemplares de segunda mano de libros franceses y haciendo recitales por Skype. Sus héroes eran Robert Burns, e. e. cummings y Tilda Swinton. A veces me daba un codacito para tratar de incitarme a burlarnos de una de nuestras colegas de trabajo, que se presentaba muchos días con tacones altos y bolso de mano: algo que mi jefe juzgaba ridículo y de mal gusto. Por un tiempo, insistió en que montásemos juntos un fanzine de poesía.

A lo largo de los años siguientes, me encontré con muchos ejemplos, si bien no tan extremos, de una categoría similar a la de mi jefe, en cuanto que eran ricos y bien posicionados, pero ansiosos, se diría, por ocultar su lucrativo papel en la economía explotadora mediante elecciones estéticas de aire austero. Era un fenómeno generalizado. Salvo por alguna que otra floritura fascinante, la de 2010 fue una década definida por estilos de un carácter increíblemente adusto y anodino, centrados en una moda que se hacía pasar por todo menos por moda: un estilo que rechazaba el estilo, y una postura hacia la ropa que parecía rehuir la mirada de la gente al tiempo que dependía por completo de ella para respirar.

Este baile tan sumamente atrayente entre el anhelo de atención y su contrario daría en llamarse *normcore*: el equivalente textil de esa pintura gris omnipotente que hemos mencionado antes, o cuando menos su contemporáneo, con un énfasis similar en lo atenuado, en lo sutil y, por descontado, en el buen gusto. El término, una combinación de *normal* y *hardcore*, lo acuñó el dibujante Ryan Estrada en el webcómic *Templar, Arizona* en 2008.[1] Enseguida fue adoptado en todo el mundo para describir ese rechazo a la expresión individual y, con ella, a absolutamente cualquier forma de ostentación, incluidos colores llamativos, ajustes ceñidos y logotipos notorios. Así, las expresiones más patentes de estilo personal quedaron reemplazadas por zapatillas de loneta, camisetas blancas y lisas, suéteres sin adornos y vaqueros rectos.

Como tendencia, el *normcore* fue mucho más ubicuo que las modas minimalistas que habían venido antes. Cierto que los beatniks de mediados del siglo XX habían insistido es un estilo sencillo y monocromático, pero era algo confinado a un movimiento en los márgenes formado por intelectuales y artistas sofisticados. El *normcore*, por el contrario, se convirtió, en fin, en la norma: se abrió paso hasta prácticamente el último rincón de la sociedad y acabó por transformar las nociones convencionales de lo que constituía incluso un atuendo formal o de oficina, hasta el punto de que la mayoría de los entornos laborales empresariales permiten hoy en día que los empleados vistan con vaqueros y camiseta, o al menos con alguna variación de *business casual*. En muchos aspectos, por tanto, no pude haber escogido momento más aburrido para aceptar aquel trabajo, y si pasé casi tres años en aquellas oficinas fue solo porque no me quisieron en ninguna otra parte.

Tostón bretón

En aquella época, volvía dando zancadas a mi piso ocupado a última hora de la tarde, con una mochila que acostumbraba a contener requesón y patatas asadas para la cena. La ruta me hacía pasar por delante de una tienda cercana al antiguo piso de Shoreditch, infestado de ratones (por entonces el casero nos había echado ya con un alquiler inasumible), que se dedicaba a la venta de menaje y ropa funcionales. De jabones de Marsella sin envoltorio a cepillos de crin de caballo y monos de algodón tintado de azul, las salas enormes y alicatadas de la tienda estaban siempre llenas de compradores que llegaban a raudales de las agencias de publicidad de la zona, ansiosos por abastecerse de artículos para esa existencia más bucólica que cultivaban en pueblos cercanos como Walthamstow y East Ham. Yo, que había comprendido que esa clase de artículos representaban una forma de lujo, una Navidad ahorré parte de mi magro salario en la revista para comprarle a mi familia regalos por el estilo. Llevaré siempre grabada en la memoria aquella expresión de horrorizado estupor en sus caras cuando, al retirar el papel, comenzaron a aparecer artículos de una austeridad impostada como los que hacía medio siglo que intentaban perder de vista: utensilios de cocina manuales, dentífricos de hierbas, prendas informes con tintes que requerían lavado a mano, pañuelos de tela, silbatos de pájaro, bolsas de malla, cinturones para herramientas, mandiles, tazas de latón, escobillas limpiabotellas, lanas.

Como dice una de mis amistades, es posible que el *normcore*, que comenzó a detectarse a finales de la década del 2000 y cuyo alcance se extiende hasta nuestros días, sea la moda más prolongada que ha existido nunca. Pero, cuantas más vueltas le doy a esta observación, más me parece que considerar el *normcore* como una tendencia en sí misma es un error. Teniendo en cuenta todos los factores, es mucho más apropiado describir el *normcore* como el punto en el que la moda, en la medida en que abarcaba la identidad personal o social —cuando se usaba para afirmar una noción determinada del yo, o para jurar lealtad a cierta subcultura, grupo o movimiento—, dejó de existir por completo. En este sentido, el *normcore* marcó el momento en el que la moda se plegó a su otra definición, mucho más deprimente: la de una industria billonaria basada en la conformidad y en la obsesión por el estatus.

Puede que el *normcore* estuviese en todas partes, pero pocos llegarían a dominar su arte. De hecho, descartada la tendencia, se hacía evidente que, en realidad, se trataba más de una habilidad que de ninguna otra cosa. Dado que suponía una sentencia de muerte para una gran diversidad y expresión cultural, la idea no era tanto un estilo o un look determinado como transmitir tácitamente un conocimiento adquirido a través de la elección concretísima de marca, corte y material que uno vestía.

De la preferencia inicial por los vaqueros rectos y las chaquetas de montaña a una obsesión cultural y colectiva por el número de hilos del algodón y los procesos de tintado, pero también por los tipos de corte de los pantalones, las diferentes costuras de los bajos, el tejido del denim y los tipos de lana; la clave no era tanto el artículo escogido como si estaba confeccionado según un conjunto muy particular de condiciones aprobadas por las personas informadas. Estas condiciones podían incluir procesos que priorizasen la sostenibilidad, por ejemplo, pero las repercusiones medioambientales eran una preocupación secundaria respecto a la transmisión del nivel de iniciación.

Casi cualquier otra tendencia del pasado, por el contrario, ya fuese contracultural o claramente burguesa, giraba en torno a la expresión. Un gótico, por ejemplo, podía alcanzar sus fines mediante la aplicación de un perfilador de ojos negro y ropa negra, pero del mismo modo, y desde una perspectiva totalmente distinta, incluso el yuppie o el niño pijo podían alcanzar los suyos con un par de *brogues* y un jersey de rombos de la tienda de segunda mano.

Esas tendencias eran ante todo disfraces, y, si bien ciertos factores sociales y económicos tal vez contribuyesen a su creación, disfrutaron desde el momento de nacer de una vida desligada de sus orígenes, y hasta cierto punto desligada también de las condiciones económicas generales, y se convirtieron en identidades que una persona era libre de asumir y adoptar según su afinidad cultural o sus preferencias. El *normcore*, sin embargo, no era más que la proximidad a los decisores del buen gusto: una tendencia que rechazaba activamente el disfraz y lo substituía por una fijación con los significantes tácitos de la erudición, cuyo foco de atención era cada vez más diminuto. El *normcore* no tenía vinculaciones tangenciales con la música, el arte, el cine ni con ninguna otra forma de expresión cultural, de ahí que no encontremos tampoco relación alguna con corrientes desgarbadas y anticorporativas como el indie o el grunge, ni con esos estilos fatuos y flamantes de la moda callejera.

En este aspecto, las tendencias anteriores al *normcore* eran una forma de plantar nuestra bandera, de proclamar frente al mundo una serie de creencias y de premisas ideológicas. El *normcore*, por el contrario, se consideraba por encima de juicios subjetivos, y se daba por hecho que sus preferencias eran universalmente buenas e inapelables: una moda de calidad indiscutible que se imponía a ocurrencias pasajeras. Se podría concebir, por tanto, como la manifestación exterior de una tendencia liberal, como una política de centroizquierda que ha venido a arrogarse la posición sensata, y no una de tantas opciones políticas rivales y todas ellas legítimas. El pluralismo de la democracia había perdido algo de pie y dado paso a un centro dogmático que se tenía a sí mismo por irreprochable y representativo de todo cuanto era correcto y razonable, y la moda —compuesta, en su día, de un sinfín de estilos y subculturas discrepantes— dio la impresión de sucumbir a una lógica similar: no de «derecha» contra «izquierda», sino de «correcto» contra «equivocado». En consecuencia, hasta la idea misma del lujo se vio transformada, y el estilo tan característico y expresivo de firmas como Chanel, Dior, Prada y Versace fue usurpado, en cuanto que primera y última palabra en esplendor, por marcas que ofrecían prendas de diario bien confeccionadas y conformes a los modos altamente funcionales del gusto promovido tradicionalmente por las clases medias y blancas del norte de Europa (y no tanto del sur, de mayoría católica). Marcas como Margaret Howell, A. P. C., Studio Nicholson o The Row, lanzada por las gemelas Olsen, inspirándose sin duda en cierta corriente del chic francés imperialista con la que debió de entrar en contacto Mary-Kate Olsen durante su matrimonio con el hermano de Nicolas Sarkozy y que hizo las delicias de la gente de la moda con su oferta de prendas diversas en beis, gris y negro. Al mismo tiempo, se encumbró a Phoebe Philo, diseñadora y antigua directora creativa de Celine con su propia horda de seguidoras: unas que la revista del sector *The Business of Fashion* bautizó engañadamente como «philófilas» y que se caracterizaban por su debilidad por los abrigos de hombre enormes, los pantalones de sastre y los jerséis de cuello vuelto.[2] Los suministradores de *normcore* más asequibles —almacenes como COS, Arket y Everlane— fueron suplantando a paso constante a las marcas de moda pasajera del pasado para convertirse en los sastres *de facto* de la clase media profesional de todo Estados Unidos y de gran parte de Europa occidental.

Este cambio se relataba con cierta santurronería, pues las trampas obvias de la riqueza y de la decadencia se reemplazaron con artículos igualitarios. En las descripciones de las revistas de moda, en los *hauls* que plagaban YouTube y en los segmentos de televisión en los que se apremiaba a los espectadores a *invertir en pocas piezas básicas*, unos malintencionados editores de moda, pagados para humillar a las masas ingenuas y saludar a un blusón de algodón negro tras otro con un murmullo de admiración, usaban este adjetivo más que ningún otro: «sencillo». Una sencilla camiseta blanca, unos simples vaqueros, una modesta gabardina color cámel, un clásico par de zapatillas, un discreto pañuelo de cachemir. Eso nos ordenaban comprar, reconvertidos ahora en discípulos estúpidos de una disciplina de moda reducida a los términos más básicos.

Lo que me llamaba siempre la atención de la palabra «sencillo» era la enorme complejidad que ocultaba. A menudo, la camiseta blanca más *sencilla* de todas contenía todo un mundo de sutiles señales. No me estoy refiriendo a un pack de supermercado, sino a un tipo muy concreto de corte cuadrado, cuello redondo, algodón peinado, mangas sueltas. «Sencillo» no designaba lo fácil y accesible, sino un diseño con cierto grado de prestigio. Al igual que aquellos objetos funcionales, *mid-century*, que las revistas de interiorismo y estilo de vida habían mercantilizado hasta dejarlos irreconocibles, estas piezas «sencillas» se habían convertido también en inversiones de primer orden.

Nada de esto equivale a decir que prefiera, o que justifique de ningún modo, la locura desarraigada, turbulenta, multiplicadora del ciclo de producción del libre mercado y su dependencia de unas condiciones de trabajo deshumanizadoras. Me horroriza la amenaza contra los ecosistemas globales que supone la cultura de vertederos de plástico de finales del siglo XX y principios del XXI. Pero esas nuevas industrias del gusto —industrias que estaban obteniendo unos beneficios enormes a base de explotar las inquietudes de los consumidores y creando, por el camino, una nueva clase de yuppie que vendría a ejemplificar el estilo de vida que se vendía a todos los demás— ensalzaban una simplicidad que no venía acompañada de ningún cambio en las condiciones económicas que permitiese el resurgimiento a gran escala del verdadero espíritu del minimalismo y la frugalidad, ni su adopción por parte de todo el mundo, por lo que se quedaba en poco más que en mera farsa. En los dominios virtuales del capitalismo de consumo, con sus propias leyes morales internas, el comprador que iba al mercado con pantalón de pinzas y bicicleta tenía la conciencia relativamente limpia frente a la persona que se veía obligada, por necesidades económicas, a llevar ropa sintética comprada en alguna gran cadena asequible.

Horror en cadena

Me ha llamado siempre la atención el mensaje que lanza la película de ciencia ficción *Bajo la piel* (2013), dirigida por Jonathan Glazer, sobre la naturaleza de la identidad, la moda y las dinámicas del gusto. La película es la adaptación cinematográfica de una novela homónima que me fascina. Obra de Michel Faber, autor afincado en Escocia, y publicada en 2022, narra la historia de una alienígena llamada Isserley (anónima en la adaptación) cuyas penurias se han interpretado en general como una alegoría del trabajo sexual, y su desubicación, alegoría de la inmigración. Isserley recorre día tras día las vastas y desoladas carreteras que llevan a Inverness con la tarea de recoger y capturar a autoestopistas, para luego drogarlos y mandarlos a un complejo remoto donde los engordan y convierten en carne. Esta dimensión de la historia es mucho más explícita en el libro, mientras que en la película se presenta de un modo más abstracto y misterioso. A lo largo del filme, Isserley, una figura mansa, silenciosa, casi muda, interpretada por Scarlett Johansson, lo observa todo con una mirada vacía que resulta inquietante, mientras que los hombres con los que se encuentra van desde el inocente y el modesto hasta el depredador. Gran parte del metraje son imágenes de Johansson grabadas en espacios públicos y desde lejos, por lo que las reacciones que observamos son espontáneas, por parte de transeúntes que no parecen informados de antemano de su participación en la película, o de la presencia de una estrella de Hollywood. Queda como testimonio de la gente de Glasgow que, en cuestión de segundos tras la caída de Johansson al suelo, en una escena que se ha memificado y compartido online infinitamente, un joven, un hombre de mediana edad y un par de mujeres la rodean y le tienden la mano para ayudarla.

En esta escena y en otras, Johansson viste ropa como la que se vende habitualmente en las cadenas más baratas, en los mercadillos y en tiendas de segunda mano del Reino Unido moderno. Lleva un top rosa cereza del que asoma un sujetador de encaje sintético, una chaqueta de piel falsa ajustada a la cintura con un cierre de corchete, unos vaqueros elásticos o *jeggings* veteados, de un azul desvaído, y unas botas con forro de piel y tacón cónico. La imagen que crea este look, significativamente, no es la de una miseria exagerada o abyecta; no es Charlize Theron en el papel de Aileen Wuornos en *Monster* (2003), no hay implantes, ni pelucas ni maquillajes valedores de un premio. Sin embargo, podría decirse que el efecto es más profundo y extraño debido a esa sutileza, como resultado de hacer solo unos ligerísimos ajustes en la programación socioeconómica habitual. Tan degradantes y desalentadores son los métodos de la publicidad moderna, las exigencias de capital cultural y el propagandismo del sector de la moda contemporáneo, que lo verdaderamente opuesto a una estrella de Hollywood no es ya el vagabundo victoriano de antes, o el pilluelo callejero, sino *nosotros*: la masa vestida de fibra sintética. No parece haber nada más improbable que Scarlett Johansson convertida en una mujer de ingresos medios que tiene que comprarse la ropa en grandes cadenas, mientras contenemos el impulso de sujetar a la desubicada estrella, que se ha alejado demasiado del camino, y conducirla de nuevo a un lugar seguro. Nos están invitando a plantearnos nuestra propia mirada, y hasta qué punto la han contaminado los prejuicios de clase y el estatus social.

Con cada interacción entre el personaje de Johansson y la gente con la que se encuentra se desdibuja la línea que separa a víctima y depredador, y no siempre está claro de qué lado deberíamos ponernos. Este aspecto aparece subrayado en la versión de

Glazer, en la que Johansson recoge a un cliente con una discapacidad evidente. En el libro, Isserley tiene el poder de seducir a esos hombres, pero también es vulnerable a sus ataques, los dos estudiándose mutuamente, calculando sus posibilidades, midiendo la capacidad de lograr sus fines. Aquí podemos acceder también al monólogo interno de los hombres, que van desde la ternura y la empatía hasta lo llanamente sexual y lujurioso. Con la excepción de una sola víctima masculina, todos tienden a escudriñar el cuerpo de Isserley: admiran el tamaño de sus pechos, reparan en la rareza de sus movimientos y buscan pistas que indiquen una invitación al sexo. Gracias a las explicaciones de cómo se procesan para su consumo estos hombres una vez recolectados, los temas de la explotación y la desensibilización se entretejen en un relato que aborda varias cuestiones relevantes en las sociedades desarrolladas modernas, entre ellas la ganadería industrial, el empleo eventual y el empobrecimiento de la gente trabajadora. Pero lo que me choca de la adaptación cinematográfica y, en particular, de la elección de Johansson para el papel es la ambición de Glazer de entresacar la tensión entre persona y presentación. Si el título *Bajo la piel* nos empuja a considerar la vasta subjetividad de la emoción, la experiencia y la expectativa que acostumbra a subestimarse cuando sexualizamos y cosificamos al otro, en su traducción al filme esta consideración se extiende también a los juicios que hacemos sobre la ropa de la gente, y los significantes de clase contenidos en ella, pues ni las personas más reconocibles del mundo son capaces de sobreponerse al peso simbólico de lo que llevan puesto.

Nuestra vestimenta puede denotar vulnerabilidad o poder, y las implicaciones de ello trascienden el mero sentimiento. En *Bajo la piel*, el personaje de Johansson muestra que ciertos estilos se interpretan con frecuencia como un indicador de que es lícito explotar a esa persona, y no solo por la asequibilidad aparente de su ropa, o por lo «reveladora» o «sugerente» que esta sea. Podría decirse que la principal fuente de vulnerabilidad del personaje reside en la extrañeza de su aspecto. Pese a que está compuesto de elementos que acabo de elogiar ahora mismo por su ubicuidad y su fidelidad a la vida moderna, la combinación concreta de las prendas y el choque con un peinado levísimamente *raro* —un poco demasiado voluminoso y enmarañado para alguien de su edad y situación— indican cierto grado de alienación social. Tanto si lo computamos conscientemente como si no, parte de esa aura inquietante que envuelve al personaje reside en una falta elocuente de comprensión cultural, o de gusto. Y es esto, más que la insinuación de pobreza (aunque ambas van obviamente ligadas y a menudo son indisociables), la causa de los abusos y la explotación. No son solo los significantes literales de estrechez o de prosperidad económica los que determinan la legitimidad de una persona, sino que también lo es la medida en que sean capaces de expresar una comprensión, o al menos un deseo de emular, de los modos y estilos dominantes.

Comparemos esto con el personaje de Johnny, interpretado por David Thewlis en *Naked* (1993), una película seminal de Mike Leigh. La historia de Johnny está plagada de infinitas posibilidades, y es casi pintoresca en su descripción de la velocidad y la despreocupación con la que salta de una oportunidad a otra, a lomos de la amabilidad de desconocidos. Gracias a una especie de dominio prodigioso de la lengua inglesa, Johnny es capaz de engatusar a prácticamente cualquiera que se le ponga por delante, en el que es uno de los retratos de misoginia y narcisismo más precisos, y por momentos angustiantes, jamás contados en la pantalla. Pero la película evidencia también la ascendencia del capital cultural: la soltura con la que Johnny se mueve por la vida después de asaltar a una mujer en plena calle se explica por el hecho de ser un hombre, claro está, pero también por su capacidad para soltar referencias literarias, aludir a cuestiones intelectuales y adherirse a una suerte de uniforme neutral e inofensivo, negro de pies a cabeza. Que Johnny sea tan insensato que no sabe aprovechar esto para nada más que para seguir explotando a las personas desesperadas que lo rodean es una crítica al personaje más que a las circunstancias. A diferencia de Isserley, o de su encarnación anónima en el filme, y a diferencia de cualquiera a quien se le impida desarrollar ciertos modos de expresión y ciertas demostraciones de confianza, Johnny, como mínimo, tiene opciones.

El único recurso de Isserley en una sociedad que devalúa a las mujeres, y en particular a las mujeres de clase obrera y de origen posiblemente inmigrante, es su sexualidad, o su *piel*, que es posible realzar por medio de esa segunda piel de lo que escoja ponerse. Sin revelar demasiado sobre el desenlace de la película, es un ejemplo de las consecuencias extremas para la clase de persona que no logra pasar por lo que nuestra sociedad obsesionada por la imagen juzga digno de respeto. Algo que la mayoría de las mujeres de clase trabajadora habrán comprendido tácitamente desde la adolescencia, a medida que aprenden a abrirse camino por un mundo de amenazas que a menudo exceden con mucho a las oportunidades. Volvemos al ejemplo de Roz y Daphne en *Frasier*, y de cómo el dinero favorece cierto grado de expresión sexual patente, que otras personas más susceptibles de ser explotadas deben minimizar o reprimir necesariamente. Roz, productora del programa de Frasier, es una mujer acomodada, hija de un político que ejerce de fiscal general, está sexualmente liberada y viste con un estilo expresivo, mientras que Daphne, trabajadora doméstica, es mucho más modesta y aniñada. Sacar partido de la sexualidad puede ser para millones de mujeres el único camino hacia la seguridad económica y, aun así, hay que sopesar siempre la posibilidad de la violencia. Aunque sabemos conscientemente que nunca la explotación sexual de una mujer es consecuencia de lo que lleve puesto, la mayoría hemos internalizado igualmente el miedo y la vergüenza de esa posible experiencia, de tal modo que determina nuestras elecciones. Las personas queer se acostumbran a hacer lo mismo, como lo hace también la gente de color, muy hábiles decodificando situaciones y respondiendo en consonancia, porque saben bien que las prendas que elijan podrían usarse, y de hecho se usan retroactivamente, para justificar una discriminación, un arresto o algo peor.

LA CAPUCHA COMO CHIVO EXPIATORIO

La muerte a tiros de Trayvon Martin en 2012 es uno de los sucesos más significativos en la historia de la opresión racial en Estados Unidos, y pone en primer plano la tendencia a desviar las acusaciones de intolerancia y racismo aludiendo a la vestimenta, y al gusto. Martin, estudiante adolescente, murió a manos de un hombre de veintinueve años llamado George Zimmerman en lo que este alegó después que había sido un acto en defensa propia. El testimonio de Zimmerman incluía una mención a la sudadera con capucha que llevaba Martin, que volvía en ese momento caminando a casa de su madrastra en la urbanización cerrada de The Retreat at Twin Lakes, en Sanford, Florida, después de comprar una bolsa de Skittles y un refresco de sandía en una tienda cercana. En el transcurso del juicio, y más allá, la sudadera de Martin se convirtió en un emblema de los prejuicios y del doble rasero que las personas negras enfrentan todos los días, no solo en Estados Unidos.

Zimmerman dio a entender más adelante que el programa de Vigilancia Vecinal de la urbanización consideraba las sudaderas de capucha negras un indicador de delito, pero la primera mención fue en la llamada que hizo a la policía local momentos después de apretar el gatillo, cuando le preguntaron qué ropa vestía Martin. No obstante, como quedó claro en el contrainterrogatorio, el chico llevaba también pantalones claros, por lo que no encajaba en ese atuendo totalmente negro que la absurda medida de discriminación textil del programa de Vigilancia Vecinal había identificado como amenazante (me resisto a mencionar siquiera este detalle, dado que no puede hacerse ninguna concesión al señalamiento de personas por su forma de vestir). Otro detalle importante es que aquel día llovía, y que prácticamente cualquier persona que nos encontrásemos en la región de Sanford debía de llevar algún tipo de protección frente a los elementos. Que Zimmerman procediera a embarcarse después en una carrera como pintor de banderas confederadas nos da una idea de las ideas políticas del hombre. Todo esto solo sirve para enfatizar la urgencia de plantearse lo siguiente: ¿por qué se permitió siquiera que una sudadera —que llevaba puesta bajo la lluvia un adolescente, después de comprarse unas chucherías— formase parte del debate? ¿Y qué nos dice eso de la evolución que había seguido el lenguaje del prejuicio y la discriminación?

El dato de la sudadera se ganó el favor de la prensa de derechas. Asombrosamente, poco después del asesinato de Martin, el presentador de Fox News Geraldo Rivera afirmó que su muerte había sido provocada en parte por su «ropa a lo pandillero» y añadió: «Insto a los padres de jóvenes especialmente negros y latinos a impedir que sus hijos salgan a la calle con sudadera de capucha». Si bien resultaba inaceptable que los simpatizantes de Zimmerman reconociesen sinceramente lo que pensaban —que el color de la piel de Martin era motivo de sospecha suficiente—, sí que lo era, por lo visto, cuestionar su forma de vestir. Por descontado, como hemos mencionado ya, surgen prejuicios similares en el debate en torno a la violencia contra las mujeres, y a la forma en que las prendas de ropa tal vez sean la causa de atenciones indeseadas por parte de los hombres. Pero, si eliminamos cualquier asociación que nos han enseñado a establecer con estas prendas —faldas cortas, tops escotados, sudaderas, gorras— y las vemos tan solo como manifestaciones de una preferencia personal, como una expresión cultural, que se las incluya en debates sobre las causas de delitos violentos puede interpretarse como una forma de legitimar la violencia contra individuos y grupos particulares.

No era la primera vez que aparecía una sudadera de capucha en el discurso político, y desde luego tampoco la primera que desde el poder se daba por hecho que una prenda de ropa era la causa de los males de la sociedad. Unos años antes, en 2006, la política británica había sido testigo de su propia polémica en torno a esta prenda a raíz de un discurso del líder del Partido Conservador (y más tarde primer ministro) David Cameron en un congreso celebrado por el «equipo de trabajo en favor de la justicia social» de su formación. En este, que se acabaría bautizando como el discurso de «abraza a una sudadera», Cameron proponía un nuevo y radical enfoque para abordar el problema de la delincuencia, basado en inculcar valores «buenos, honestos» en los hogares de los niños necesitados: «... a nosotros, a la gente de traje, las sudaderas a menudo nos parecen agresivas», dijo, antes de pasar a explicar con más detalle su plan para llevar la cohesión social a las calles británicas. Cameron no llegó a emplear jamás la frase «abraza a una sudadera», que fue en realidad un invento incluido en la nota de prensa que lanzó en días posteriores el Partido Laborista, pero esta pasó a identificarse con su mandato en el Gobierno.

Releyéndola ahora, la retórica divisoria apenas sí está disimulada: Cameron crea una identidad compartida entre la gente de traje, por un lado, y su supuesto contrario, por otro. Lo que se planteaba como un intento de derribar las antiguas divisiones de raza y clase no consiguió más que reinstaurarlas bajo la apariencia del estilo, o del gusto. La discriminación explícita en forma de racismo y de prejuicios de clase se había trasladado al lenguaje de los códigos de vestimenta. Cameron lo hizo asimilando descaradamente a las personas con su ropa, e insinuando así una falta de separación entre la prenda y su portador, de tal modo que podríamos topar con *un traje con alma*, o *una sudadera con corazón*, o ser nosotros mismos visto así. La clase media alta se ha rebautizado como traje; la trabajadora, como sudadera. Había emergido una nueva forma de «nosotros y ellos», solo que eludía las acusaciones de intolerancia declarada presentándose como una medida más justa y pragmática de respetabilidad, esfuerzo y presentación válida. Estábamos en una sociedad que repartía las recompensas en función del mérito, que remuneraba a aquellos de nosotros dispuestos a conducirnos con dignidad y sentido común —esto es, con *buen gusto*— y castigaba justificadamente a los que no. Habíamos caído una vez más en ese torbellino desquiciante de la retórica, el de la clase en cuanto gusto, y el gusto en cuanto clase, donde ambas se consideraban una extensión del carácter de la persona y de su disposición a contribuir a la sociedad capitalista.

Tal vez más relevante para el caso de Trayvon Martin, sin embargo, y para la perversa y compleja relación de Estados Unidos con la sudadera de capucha, sea un episodio sucedido diez años antes del discurso de Cameron, en la campaña de las elecciones presidenciales de 1996, que se libraron entre nuestro amigo Bill Clinton y su contrincante, Bob Dole. En una cuña de radio semanal que tenía por intención poner al público al día de las diversas promesas electorales, el candidato demócrata soltaba una letanía de reclamos dirigidos a la preocupada clase media del país, y en concreto a los padres de clase media. Antes de su adopción como símbolo de una corriente de proto-Karens engreídas, con perlas y conjuntos de jersey y cárdigan a juego, la «madre del fútbol» ya había sido identificada como un objetivo del voto demócrata. Si ese perfil existía en realidad, o si era una invención de estrategas e institutos demoscópicos, sigue sin estar muy claro, pero lo que sí sabemos, como mínimo, es que era una mujer de apariencia blanca, de creencias más laicas de lo que uno esperaría de un ama de casa republicana y tremendamente volcada en el éxito de sus hijos. Para este grupo de gente, real o imaginado, Clinton se comprometía a imponer uniformes escolares, con el propósito de hacer hincapié en la disciplina y en la educación, y con el beneficio añadido de impulsar la igualdad entre los jóvenes que terminaban mezclándose en las aulas de todo Estados Unidos.

Lo raro de esa promesa electoral de Clinton fue la justificación que aportó en aquella misma emisión de radio: «... si sirve para que los adolescentes dejen de matarse unos a otros por chaquetas de marca [...], nuestros colegios públicos deberían poder exigir a los alumnos que lleven uniforme».

Clinton no añadió más detalles ni aclaraciones sobre lo que quería decir, y esa vaguedad indica lo extendida que debía de estar la creencia de que las modas estaban motivando verdaderamente la comisión de delitos graves. Pero se refería, de hecho, al asesinato de Charles «Chuckie» Marsh Jr., de diecisiete años. En diciembre de 1995, Marsh Jr., que era un adolescente negro, estaba en un corrillo de amigos cerca de su instituto cuando se acercaron dos hombres armados con pasamontañas que querían robarle a un compañero su chaqueta Eddie Bauer. Eddie Bauer era una marca de ropa de montaña que desprendía un prestigio muy del Pacífico Noroeste, y sus chaquetas se habían convertido a mediados de los noventa en objeto de deseo entre los más jóvenes, en parte por cómo las habían adoptado irónicamente músicos y gente famosa. Los raperos Mase y Jadakiss, por ejemplo, lanzaron el tema «24 Hours to Live», que incluía una referencia directa al SUV que la empresa había creado en colaboración con Ford: «Cargaría la 35, me subiría al Eddie Bauer». Según los informes, Marsh Jr. fue la víctima accidental del tirador, y era él quien llevaba puesta la chaqueta en cuestión.

Marsh Jr. resultó muerto en el altercado, y al autor nunca lo capturaron, lo que significa que los motivos exactos siguen siendo un misterio. Clinton se aprovechó de la rabia y de la frustración que desencadenó el suceso en un intento de asegurarse un segundo mandato. Pero lo que sí sabemos de los tiroteos en escuelas, sin embargo, es que son resultado de una legislación que facilita el acceso a las armas de fuego, y que cualquier violencia en las aulas acostumbra a ser producto de una tensión profundamente arraigada que nace de las desigualdades económicas y del resentimiento social resultante. Las declaraciones de Clinton, y las de David Cameron tiempo después, por no mencionar las que se han dejado caer interminablemente en los medios desde entonces, sirvieron para descargar en una chaqueta, en una sudadera o en unas zapatillas de deporte el peso de la responsabilidad por la muerte de un chico y por un sinfín de crímenes más.

Ese comentario y esa promesa electoral señalaban una tendencia común a confundir el objeto con los problemas sistémicos, mucho más graves, que este representa, como la desigualdad, las tensiones raciales, un consumismo galopante y sin freno y la ansiedad por el estatus social. Y señalaba también una tendencia liberal a culpar de sus consecuencias a las políticas. Los uniformes escolares son una manera muy práctica de sostener la fantasía de igualdad durante las pocas horas que van del primer timbre al último, pero, mientras no se aborden las causas de ese desorden latente, seguirán surgiendo sin cesar nuevos símbolos de deseo y proyección. La otra cara de esto es que gente que no está dispuesta a prescindir de los lujos de los que disfruta, y que dependen del sometimiento de otros, pero a la que le gusta al mismo tiempo consolarse con la idea de estar luchando por un mundo mejor —lo que me siento tentada de llamar «la afección liberal», o «la dolencia», en general—, se convence a menudo de poder lograr esto último por la vía puramente del simbolismo. Un símbolo puede entrañar peligro, como vimos en cierto escándalo en el que se descubrió que una camiseta que lucía el eslogan «Esta es la pinta que tiene una feminista», distribuida por el grupo activista The Fawcett Society, estaba confeccionada por mano de obra barata en Mauricio, donde las trabajadoras (mayoritariamente mujeres) podían llegar a cobrar nada más que 62 peniques la hora. La Fawcett Society reiteró que las camisetas estaban fabricadas siguiendo estándares éticos, pero, como reconocieron muchos entonces, esos estándares no serían lo que se consideraría aceptable en Occidente, y, aunque no cabía duda de la sinceridad de la campaña, la tormenta mediática demostró la importancia de que las palabras no se queden simplemente en eso.

Es más: permitir que el símbolo de la ropa cargue con el peso del estigma —que no ha desaparecido, sino que se ha negado y desplazado— crea un clima en el que la vestimenta personal puede convertirse más fácilmente en un asunto de vida o muerte. Si nos alejamos demasiado de los modos imperantes del gusto que dicta el poder, no debe extrañarnos ser objeto de sospechas, humillaciones y, en algunos casos, ataques. En la colección de ensayos de Hilton Als *Chicas blancas* (2013), el crítico y periodista nos habla del autoborrado que se les exige con frecuencia a los escritores negros, un principio que se aplica tanto a la ropa como a cualquier otro aspecto de su vida. Recurriendo a la figura de la madre devota en la literatura negra para ilustrar su argumento, Als escribe que esta máscara de solicitud «[...] es la única cosa que separa a sus hijos de la muerte. Sí, señor; sí, señora, dice desde detrás de la máscara. Y, mirando al suelo: Por favor, señor, no mate a mis hijos...». El símbolo de la máscara resulta útil: nos permite ver de qué modo la ropa levanta una fachada literal de conformidad y sumisión frente al poder. *Insto a los padres de jóvenes especialmente negros y latinos a impedir que sus hijos salgan a la calle con sudadera de capucha.*

En una sociedad laica, o cuando menos en situaciones en las que se hace necesario un somero esfuerzo por sostener una apariencia de racionalidad pese a existir un claro programa ideológico (como es el caso de Fox News), la cuestión de la devoción ha pasado del mundo de la acción al mundo de las apariencias. La santurronería cristiana se ha utilizado durante siglos para justificar los crímenes del colonialismo y censurar otras culturas. Y, aunque tal vez haya dejado de ser el sistema de creencias primordial y operativo en la mayor parte de los países occidentales, sus actitudes han impregnado el lenguaje de la decencia y el buen gusto. Para comprobar hasta qué punto los prejuicios de estilo se han incorporado y naturalizado bajo una nueva forma de moralidad secular, solo hay que ver alguno de esos programas destinados a rehabilitar a personas «díscolas» transformando su indumentaria, un fenómeno que alcanzó su punto álgido a finales de los noventa y principios de la década del 2000 con realities como *Ladette to Lady* (2005-2010), *Style Her Famous* (2006-2009) y *From G's to Gents* (2008-2009).

El propósito de estos programas era instruir al espectador tanto como a los participantes. En ellos, igual que en esos clips televisivos que hemos mencionado antes, destinados a guiarnos hacia elecciones más conformes al buen gusto, había contenida una concepción de la moda en cuanto que conjunto de normas: desviarse de ellas podía constituir también una transgresión más profunda contra la sociedad respetable. Lo cierto es que, a pesar de mis recelos hacia la industria de la moda, me encanta la ropa, y me habría gustado diseñarla. Creo no solo en el derecho que tiene todo el mundo a vestir como quiera y sin preocuparse por los posibles juicios de los demás, sino en el papel esencial de la ropa a la hora de permitirnos explorar y afirmar nuestra identidad. Tan exhaustivo es el esfuerzo por naturalizar ciertas formas de intolerancia y discriminación —por presentarlas como reacciones racionales frente a faltas morales— que nos disuade de cuestionar alguna vez su lugar en una sociedad y en sus políticas. Puede que ese sea el motivo por el que «moda» es un término tabú en ciertos círculos, porque a poco que se le dedique una atención seria, intelectual, surgen un millón de cuestiones en torno a la autoridad, y también a la raza, el sexo, el género y la identidad. Tratando de averiguar cómo una disciplina fascinante que aúna arte, diseño, tecnología y antropología cultural ha quedado reducida a un término de preocupación superficial, cuyos seguidores constituyen «víctimas», llegamos a varios descubrimientos muy reveladores sobre las estructuras de poder que subyacen a la vida moderna. Porque, a sabiendas o no, la moda es algo en lo que todos participamos, incluso los que vestimos con esos polos lisos que nos compran nuestras esposas en packs de tres, o esos gazmoños que insisten en llevar solo prendas «sencillas» y atemporales. Paradójicamente, es posible que esos padres que dan vueltas enfurruñados por los pasillos de Target y Marks and Spencer sean, de todos, los más preocupados y conscientes de su imagen, pues su forma de vestir, sin pretensiones a simple vista, ha ido evolucionando a lo largo de muchas décadas para aplacar el aterrado temor de despertar cualquier cuestionamiento indeseado en torno a su género o su orientación sexual.

Si los hogares son dominio privado, reflejo de nuestras convicciones más profundas sobre la comodidad, la familiaridad y la seguridad, la ropa representa la versión de nosotros mismos que decidimos mostrarle al mundo. En el modelo freudiano de la psique, compuesto del yo, el superyó y el ello, el primero es el que se diría más vinculado a la moda: esa parte de nosotros mismos que lidia con la realidad y debe negociar entre los impulsos más libidinales de la psique animal (el ello) y las expectativas que nos llegan como miembros de una sociedad (el superyó). Encerradas tras las puertas de todos y cada uno de nuestros armarios, pues, están las pistas que indican cómo nos ha moldeado la sociedad y cómo hemos escogido actuar en respuesta; cuáles podrían ser nuestras esperanzas, nuestros sueños y nuestros miedos, así como la clase de persona que tal vez querríamos ser o a la que querríamos atraer.

Solo muchos años después de dejar aquella revista y de estudiar ciertos casos concretos, logré entender cómo se ejerce sutilmente el poder a través de la moda, a menudo por vías diseñadas para parecer incoherentes y absurdas desde fuera. Para que esa moralidad de arriba abajo funcione, para que los que ostentan el poder puedan camuflar hábilmente la intolerancia en un lenguaje de inquietud estética, y para que los demás nos creamos este razonamiento, los estilos de la clase dominante deben ser hasta cierto punto esquivos. A la manera de la religión y de la promesa de un más allá, el estilo y la aceptación jamás son destinos que uno alcance, sino que anhela y aspira a lograr por medio del estudio, el cuidado y el mantenimiento continuados. Es más, la dinámica de poder se vuelve más convincente cuando aparenta ser absoluta y universal, y no una riña entre serecillos humanos y falibles. De ahí que necesite desarrollar una especie de camuflaje, detectable para los que están en el ajo, pero casi invisible para el resto: una fuerza insidiosa que actúa sigilosamente y de maneras que, si bien a menudo no comprendemos, sí podemos sentir.

El narcisismo de las pequeñas diferencias

Para mantener una atmósfera competitiva y curiosa, y para desviar cualquier sospecha de nepotismo o de trato preferente, emerge un complejo sistema de distinción. En este aspecto, el *normcore* recuerda a una tendencia que apareció en el siglo XIX, cuando la clase capitalista andaba ávida de que la tomasen tan en serio como a la aristocracia, o incluso de usurparle a esta su preponderancia social. La ansiedad por el estatus de la burguesía desembocó en una paradójica tendencia por la que terminó rechazando los gustos más frívolos que habían imperado en la Regencia, como el Barroco y el Rococó, con su profusa ornamentación y sus siluetas exageradas, y optó por estilos de carácter más austero y modesto. Un buen ejemplo es cierta prenda que adoptó el hijo mayor de la reina Victoria en persona, tal vez en respuesta a la amenaza de esa pujante clase media. Se trata del esmoquin, una alternativa más corta y cuadrada del frac —muy popular entre los británicos ricos de la primera mitad del siglo XIX— que el por entonces príncipe Eduardo descubrió en una visita a Estados Unidos, tierra de emprendedores y de hombres hechos a sí mismos. En 1865 les encargó una réplica a sus sastres de Henry Poole & Co., en Savile Row, e inauguró con ello la tendencia de moda masculina más importante en Reino Unido desde los calzones y las botas de húsar con borla. Ahí el esmoquin o *tuxedo* estadounidense pasaría a llamarse *dinner jacket* [chaqueta de noche] y a simbolizar una suerte de modernidad relajada y de conocimiento secreto que solo poseían los círculos urbanos que rechazaban la pomposidad de épocas pasadas. Entre la clase aspirante, denotaba también una discreta seguridad que resultaba útil para surcar las aguas, traicioneras pero potencialmente muy lucrativas, de la alta sociedad del siglo XIX, transmitiendo como transmitía un aire de soltura y confianza: era una chaqueta que desdeñaba sin ambages toda ostentación y servía como una especie de máscara tras la que ocultar una ansiedad por el estatus que seguía haciendo estragos.

El objetivo del esmoquin, como ocurre hoy con los pantalones de vestir y las chaquetas de trabajo, era insinuar cierto grado de iniciación. Muchos relatos populares atribuyen su evolución a un relajamiento de la formalidad, que sería a su vez consecuencia inevitable de la modernidad. Pero, si querían asegurar su suerte en tiempos de una enorme agitación económica, los ricos debían adoptar ciertos estilos en un esfuerzo por mimetizarse. Y tan pronto aquellos que ascendían socialmente descifraban las normas y las preferencias estéticas de los que estaban al cargo, eran necesarias normas nuevas que excluyesen a la siguiente tanda de aspirantes.

Por un lado, pues, quienes ostentaban el poder establecido tenían que ocultar con frecuencia su posición. En sus esfuerzos por disimular su riqueza, sobre todo tras las repercusiones de la Revolución francesa, la aristocracia del siglo xix no es tan distinta de esos ricos herederos de hoy en día que trabajan como modelos o artistas y posan con chándal, zapatillas de deporte y dientes de oro. Por otro, las formas de distinción para la clase aspirante han de ser necesariamente cada vez más minoritarias, cada vez más complejas y cada vez más indistinguibles a simple vista para no desvelar sus cartas, en un juego de intrincados tejemanejes sociales. Por decirlo en términos más directos, un clima de competitividad interpersonal desenfrenada precisa de una cultura de proporciones cada vez más ínfimas, y eso no hace más que agravarse en una época con tantísima información visual e intercambios constantes. Es lo que Freud denominaba «el narcisismo de las pequeñas diferencias», un concepto que presentó en *El malestar en la cultura* (1930) para designar las pequeñas tensiones y rencillas que tienden a surgir entre comunidades vecinas de naturaleza similar para hacerse con un callado predominio social. El término ha evolucionado desde entonces para describir varios fenómenos en los que la gente otorga gran importancia a discrepancias mínimas de gusto y consumo, una tendencia que puede que jamás se haya sintetizado de manera más lograda que en aquella escena de la «tarjeta de visita» incluida en la adaptación cinematográfica de *American Psycho* (2000), dirigida por Mary Harron a partir de la novela de Bret Easton Ellis. En ella, el protagonista, Patrick Bateman, y el resto de los banqueros demoniacos se embarcan en un alarde egocéntrico sobre la tinta, el interletrado y el gramaje empleados en sus accesorios de *networking*. Ahora, con el «creativo» digital o la gente de las tecnológicas compitiendo por el estatus de Patrick Bateman en una sociedad en la que este es rico pero se ve obligado a minimizarlo, podemos ver una tendencia similar en el intercambio de codazos entre los que compran en Toast y se paran a considerar qué tono concreto de peto color crudo deberían adquirir, o los lectores de *Hypebeast* y *Highsnobiety* documentándose ansiosamente sobre el consenso más reciente en el debate entre suelas de crepé o de goma.

Son los dominios de los denominados «creativos» tecnológicos, donde ha hecho aparición también el fenómeno del *capitalismo del cuello redondo*, un término acuñado por el sociólogo David Beer en referencia a una tendencia mencionada antes y vinculada al *normcore*: la de la progresiva permisividad de las empresas hacia una forma de vestir más informal y relajada.[3] La precursora fue la industria tecnológica, que experimentó un crecimiento enorme a finales de la década del 2000, más o menos por la misma época en que el sector bancario global se enfrentaba a la mayor crisis de su historia. Mientras que este último había sido la cuna de los yuppies de los ochenta, y representaba por tanto una forma de emancipación para los arribistas lanzados, de la industria tecnológica surgió un capitalista mucho más discreto, uno que parecía rechazar activamente cualquier insinuación de riqueza o de poder a través de la ropa. Quizá se debiera a la dependencia que tenía la industria tecnológica de la participación del consumidor, mucho mayor que la del sector bancario, lo que le exigía una apariencia externa más afable. Los supermonopolios que se estaban creando bajo la forma de Google, Apple, Amazon y Facebook requerían todos una imagen pública que fuese, según el caso, sofisticada, o simpática, o alocada, y en ninguna otra parte sería más visible que en el estilo que sus trabajadores se verían obligados a adoptar, dando lugar con ello a un sinfín de columnas de opinión especulativas y a fábricas de rumores sobre la supuesta existencia de «oficinas sin zapatos».[4] El traje de Hugo Boss, siguiendo los pasos del frac ciento cincuenta años antes, moriría a manos de un jersey de felpa.

Estas empresas habían nacido en la Costa Oeste de Estados Unidos, donde la resaca de la contracultura de los sesenta se combinó con el capitalismo y dio lugar a unas entidades a las que vimos rechazando, como mínimo, los códigos corporativos del pasado. Parte del atractivo de Steve Jobs radicaba en su imagen de *auteur*, y no de aquel capitalista presuntuoso, sediento de dinero, de la era Reagan con sus monstruos trumpianos. Jobs era un hombre que se vestía de un modo más parecido a Samuel Beckett o al filósofo Michel Foucault que al Michael Douglas de *Wall Street* (1987): jerséis negros de cuello vuelto, gafas con montura al aire, vaqueros de corte recto. Como ese revestimiento azul medianoche de la Soho House, representaba la garantía de que era posible reconciliar la avaricia mercenaria con el deseo de ser tomado en serio como artista e intelectual.

Lo que siguió fue la creación de una nueva estirpe de capitalistas en chándal, zapatillas de deporte, gorras de béisbol y camisetas enormes: la versión caricaturesca del adolescente metido en su cuarto, pero uno que disponía de un salario de, en algunos casos, varios millones al año. Los graduados en aprendizaje automático, con sus sueldos de partida de trescientas mil libras, se presentaban todos los días en el trabajo con un tipo de look que sería inaceptable hasta para un adolescente en el día sin uniformes, y originó la perniciosa ilusión de que los espacios de trabajo eran ahora más igualitarios. Las empresas empezaron a alardear de sus «estructuras horizontales», donde las jerarquías de poder habían dejado de existir, al menos en la medida en que los jefes tenían permitido ir todos los días con algo que tenía pinta de pijama, pasearse por la oficina en monopatín y usar la palabra *bro*. Sabemos que no podría haber nada más lejos de la verdad, por supuesto, y que estas empresas han recibido críticas por explotar a sus empleados: ya sea por las condiciones de trabajo en las naves de Amazon y los ingentes beneficios obtenidos por su billonario propietario, Jeff Bezos, como por ese ejército enorme de operarios de apoyo subcontratados para llevar a cabo las tareas manuales de limpieza, cocina y seguridad en las oficinas de Google de todo el mundo.

CONTRA LA NORMA

Por todos estos motivos, el *normcore* en un primer momento me dejó desconcertada y, luego, pasó a irritarme, pese a que detrás de su auge había en muchos casos buenas intenciones. Llegó en un momento en el que las prácticas explotadoras e insostenibles de los métodos de producción en masa de la industria de la moda se estaban poniendo al descubierto, y nos condujo hacia compras más reducidas, selectivas y funcionales. Su aparición coincidió con un aumento de la conciencia entre el público de los perjuicios que conllevaba la «moda rápida», entre ellos el maltrato a los trabajadores y el coste medioambiental de una industria que incita al consumo y descarte inmediatos de prendas y accesorios. En este sentido, podría concebirse como la adopción masiva y mayoritaria de un rechazo efectista, representación de los muchos excesos del capitalismo tardío y de su maquinaria publicitaria. La calidad y el gusto pasaron a alinearse cada vez más con una palabra muy de moda, «artesanal», que sugería métodos de producción más pausados, materiales orgánicos y de elaboración propia y una remuneración justa de comerciantes y artesanos. Pero estas nobles intenciones rara vez figuraban en la realidad de la mayoría de la gente trabajadora, caracterizada por un estancamiento de sueldos o la falta de ingresos disponibles, por no mencionar el hecho de que esa apariencia más ética y sostenible podía también impostarse por medio de los mismos métodos de producción mecánica en masa.

La ropa podría considerarse el reflejo de un marco ético y moral, que se presentaba a sí mismo como la solución perfecta a esa codicia punzante que contravenía la promesa austera del artista y su estilo de vida. Podíamos tener lo mejor de ambos mundos, daba la impresión: la autenticidad y las cosas, siempre y cuando nos pusiésemos algo que fuese sostenible, estuviese confeccionado por artesanos y costara mínimo 500 libras. El *normcore* era también, en este aspecto, más bien un vacío, un razonamiento negativo, una tendencia que no era tanto que se emplease a fondo o que planteara exigencias concretas, sino que, bajo la sombra que proyectaba, convertía un vestido ajustado de poliéster rosa en un símbolo de podredumbre social. Santificaba a determinados consumidores iniciados y vilipendiaba a otros, y permitía así que quienes contaban con los medios y los conocimientos apropiados se absolvieran a sí mismos de su papel en una sociedad consumista que andaba siempre atizando un sentimiento de ineptitud y necesidad.

Este era uno de los «problemas» del *normcore*; otro tenía que ver con quién se postulaba como la norma por sus insípidas preferencias. Si tiempo atrás habíamos vivido sumidos en un ciclo comercial dictado por las disputas intergeneracionales sobre lo que podía considerarse deseable y atractivo, ahora la sociedad daba la impresión de haber llegado colectivamente a una última y definitiva conclusión: Jerry Seinfeld, un hombre que era la imagen de una especie de utopía no muy aventurada y recurrente a finales del siglo pasado, cuando un aire de optimismo soplaba todavía para los cómicos que vivían de sus bolos pero que disfrutaban, aun así, de los beneficios de una existencia de clase media, incluida la propiedad de varios chalecos de punto de buena calidad. Por otro lado, teníamos internet, que puso la historia entera a nuestro alcance con un clic, y que fue responsable con ello de acelerar no solo los ciclos nostálgicos que actuaban periódicamente como fuerza motriz tras las nuevas tendencias de moda, sino también la lenta difusión de estilos desde los márgenes de la sociedad hacia la corriente dominante, por medio del boca a boca y de la apropiación de subculturas en las pasarelas. Cuando ambos empezaron a llegarnos a través de la superficie plana y democratizadora de la pantalla, en la que las jerarquías de lo sofisticado y lo arriesgado quedaban arrasadas, fue como si una parálisis por análisis cayera sobre nosotros hasta tal punto que solo fuimos capaces de volver por defecto a un estilo que, por lo menos, nos parecía el más sencillo, simple y «universal»: juicios que, por supuesto, son extremadamente subjetivos y nacen de un sinfín de prejuicios culturales.

Para quienes están obligados a ajustarse a ciertas expectativas dictadas por el poder para ser aceptados, y para sobrevivir, la moda no es un espacio de juego y alegría, sino de estrés, angustia e inseguridad. En consecuencia, y frente al telón de fondo de una tremenda hipocresía —de juicios subjetivos que se hacen pasar por universales, de opciones de consumo asequibles que se censuran sutilmente fetichizando a las contrarias—, otras manifestaciones más obvias de riqueza parecen casi inocentes. No es de extrañar que una forma de vestir más explícita que esas expresiones de riqueza discretas, sin pretensiones, que hemos expuesto aquí acabe resultando más simpática y cercana; que, contradiciendo ese famoso adagio pronunciado supuestamente por Coco Chanel —que, antes de salir de casa, todo el mundo debería mirarse al espejo y quitarse un accesorio—, tal vez empezáramos a sentir ganas de ponernos alguna cosa más encima.

Dos personas me vienen a la mente para hablar de esta tendencia, ambas desmesuradamente ricas y, sin embargo, adoradas por la gente trabajadora. Las une, por insólito que parezca, una forma de vestir muy concreta: ostentosa al extremo y, al mismo tiempo, símbolo de una compleja rebelión cuyos fundamentos son el último tema de este capítulo.

Puede que Lady Di y Rihanna tengan unos orígenes y unas experiencias vitales muy distintas, pero el lugar que ocupan en el imaginario público es comparable en muchos aspectos. Las dos representan una suerte de desafío frente a las expectativas sociales, y, en particular, a las expectativas que recaen sobre las mujeres famosas. Ambas comparten linaje con la estrella de cine Elizabeth Taylor, cuya actitud de indiferencia acabó personificada, curiosamente, en su absurda colección de joyas. Algo problemático, claro está, por la gran cantidad de diamantes incluidos, pero que formaba parte, a primera vista, de una imagen que parecía ridiculizar la mirada masculina y mantenerse firme en una resistencia audaz y decididamente *camp*.

Pero aún más debate, análisis y cobertura mediática que la colección de joyas de Taylor recibió el vestido diseñado por David y Elizabeth Emanuel para la boda de la princesa Diana con el príncipe Carlos en 1981. Con sus voluminosas mangas abullonadas; sus, según dicen, diez mil perlas, y su cola de más de siete metros de largo, aquel vestido abombado que engullía la figura delicada talla 38 de la princesa marcó un precedente que inspiró, a lo largo de todos los ochenta y principios de los noventa, modas más románticas, en particular en las bodas: un punto de alejamiento y antagonismo respecto a la otra obsesión —por la modernidad, la sencillez y los avances tecnológicos— de la época.

Con su elección de un estilo predilecto de la aristocracia del siglo XVIII, Diana se subió al tren del movimiento New Romantic y, al mismo tiempo, se alineó con una horda imperialista conocida por explotar a la clase trabajadora en Reino Unido y más allá. De ahí que debamos insistir en que el siguiente argumento se aplica solo a las normas del gusto, extremadamente estrictas y autocráticas, dictadas por la monarquía y su maquinaria mediática, sin proclamar con ello a Diana como una paladina del pueblo o absolverla de su implicación en uno de los proyectos imperialistas más duraderos y decrépitos.

El vestido se inspiró directamente, al parecer, en los retratos kitsch de la reina Victoria que pintó el artista alemán Franz Xaver Winterhalter, caracterizados por una sobreabundancia de melosos volantes, lazos y melenas que caen por la pendiente de los hombros. Pero, dentro del marco de una boda real —un ritual que se remonta a siglos atrás y que, está ampliamente documentado, funciona como propaganda para el jefe del Estado—, ese vestido representaba, a su manera única y compleja, una forma de subversión. Y fue resultando más evidente con el paso del tiempo y con la revelación de Diana como voz disidente en el seno de la monarquía y el establishment británico, algo que hizo que aquella primera elección de vestido de novia pareciera aún más desafiante. Porque, como hemos explicado ya en referencia a Eduardo VII, a esas alturas la familia real llevaba ya varios siglos, y por muchos motivos, dedicada a proteger su estatus mediante cierto ocultamiento de sus riquezas y presentando a sus miembros como servidores del pueblo. Con más afán aún tras la muerte de los Romanov en 1918, pero también a raíz de la crisis existencial que planteó la descolonización, pues ya no podían proclamarse con orgullo líderes del Imperio. En cualquier caso, la monarquía británica del siglo XX no iba restregándole su riqueza al populacho como el rey Luis XVI de Francia. El énfasis estaba ahora en su deber público, y la reina era un símbolo de diligencia. Esto en sí constituía una hipocresía que la elección aniñada de Diana no hizo más que subrayar: las fotos del día de su boda sirvieron para humillar a la institución con la que se estaba uniendo en matrimonio, y nos recordaron en los términos más gráficos posibles su montaña de excesos y botines coloniales. Si el hijo de la reina Victoria había inaugurado el *normcore* entre la nobleza terrateniente, esta llegó abruptamente a su fin con el millar de pliegues de seda que se deslizaron de punta a punta de la catedral de San Pablo la mañana del 29 de julio de 1981.

Por descontado, nada de esto fue necesariamente intencionado ni obvio en el momento, y desde luego el diseño del vestido no tenía por qué ser de la propia Diana, cosa que dudo poderosamente: la novia, de diecinueve años, parecía estar disfrutando en todos los sentidos de su actuación en el clímax de aquel romance a lo Barbara Cartland. El biopic *Spencer* (2021), dirigido por Pablo Larraín, contiene una escena en la que vemos a la princesa probándose una sucesión de modelos de alta costura, actuando para la cámara como si fuese una sesión de fotos. A mí, lejos de parecerme superficial, como a tantos críticos, la escena me transmitió la importancia clave que tiene la ropa en la fama de las mujeres. La moda y el particular enfoque de Diana constituyen gran parte de una leyenda a la que pocas veces permitieron hablar, por lo que, de hecho, su ropa hablaba a menudo por ella.

Treinta y cuatro años después, un heredero de aquel vestido de novia desfiló por la alfombra roja de la Met Gala en Nueva York, cuando Rihanna apareció enfundada en un colosal vestido de noche amarillo de la diseñadora china Guo Pei. La cola envolvió a Rihanna e inundó la alfombra casi entera con su manto de brocado de hilo de oro. Fue un gesto aristocrático por parte de una mujer negra, a las puertas de un museo lleno hasta arriba de artículos expoliados en las antiguas colonias americanas y europeas, en un evento organizado por una industria de la moda cuyo propósito, hasta hacía muy poco, había sido el de mantener los estándares de respetabilidad consagrados por el imperialismo blanco. Para su actuación en la Super Bowl de 2022, Rihanna vistió un plumón rojo que llegaba hasta el suelo, a la manera del célebre editor de moda André Leon Talley: una prenda que había terminado por equivaler simbólicamente a derrocar aquella máscara de solicitud de la que hablaba Hilton Als, el disfraz de autoborrado que las personas negras de Estados Unidos se habían visto obligadas a llevar durante siglos en pos de su supervivencia.

4

La belleza

Menos es más.

Anónimo

Sería una negligencia por mi parte cuestionar la idea de buen gusto sin desviarme aquí y allá de las convenciones literarias para entrar en cuestiones como por ejemplo mi culo, que es espléndido:
idóneamente grande, bonito y gordo. Como crecí en una época
en la que todas las revistas y los programas de televisión dirigidos a
las adolescentes no mostraban más que cuerpos desnutridos, me
siento en el deber de decirlo, y de dejar constancia por escrito de
mis anchas, orondas y rotundas nalgas, que tienen la misma textura que el papel pintado de Anaglypta (otra debilidad mía a la que
dedicaría varias páginas si no fuese porque acabarías cerrando este
libro para no volver a abrirlo jamás). Mi culo, además, engaña:
unas veces parece redondo y rechoncho, y otras, duro y anguloso,
dependiendo de la postura. Tal incoherencia pasa a ser una fijación
para quienes topan con él: los elegidos, como me gusta conside-
rarlos, uno de los cuales, un hombre de California que me contó
henchido de orgullo que se había formado a manos de la célebre
autora y filósofa de estudios de género Judith Butler, se sintió en
la necesidad de mencionarlo la primera vez que me quedé desnu-
da frente a él, y de alabarlo con una profusión y un entusiasmo
que sospecho que había aprendido a reprimir en contextos más

públicos. No era algo para charlar con los colegas. Pero fue un halago teñido de incredulidad, porque mi culo —*el culo*, como nos habían enseñado a pensar en él a través de unos medios empeñados en reducir los cuerpos de las mujeres a una letanía de partes— parecía estar reñido con la persona. Cuando insistí, me dijo que no encajaba con la imagen que se había formado de mí como escritora londinense años antes, cuando había descubierto mi trabajo.

Fue ahí donde decidí escribir un capítulo sobre la belleza. Conste en acta, no obstante, que no me ofendió su comentario, el cual no pretendía ser más que un halago; solo me desconcertó que una clase de cuerpo en concreto se considerara más acorde a la profesión de escritora, o más esperable. Existe, claro está, una imagen tradicional de la escritora, forjada en la mente colectiva en los tiempos, tal vez, de Virginia Woolf y el Círculo de Bloomsbury: la de una mujer austera, lánguida y delicada. Yo tenía noticia de este estereotipo —de un modo lejano, no muy consciente—, pero puede que pecase de ingenua sobre la medida en que seguían suscribiéndolo los discípulos de filósofas famosas.

El comentario sobre mi culo puso sobre la mesa la asociación que se establece entre ciertos atributos físicos y determinados grupos económicos o profesionales. Eso por no mencionar cómo belleza y sexualidad tienden a definirse en contraposición. Cuando el sistema de clases se basa en la impresión de que las jerarquías de poder y riqueza son inevitables y meritocráticas, todo aspecto de nuestras vidas materiales se juzga en función del grado en que se ajuste a las preferencias de los que ostentan el poder. El cuerpo físico no es una excepción y, de hecho, debido a los mecanismos de la industria publicitaria, carga con la losa de la respetabilidad más incluso que nuestro hogar, nuestro guardarropa y nuestro estilo de vida: un tipo muy concreto de cuerpo se convierte así en un símbolo de estatus y en un *artículo* más de nuestra cartera de valores (nunca mejor dicho), uno que nos vemos obligados a adquirir si queremos vendernos en el mercado laboral. En consecuencia, gracias a la lógica de la esfera corporativa-profesional, emerge el terror, presentísimo y de lo más real, a la existencia de una separación entre cuerpos humanos «de buen gusto» y otros «de mal gusto». Así es cómo el capitalismo, aun cuando lo ejercen mentes supuestamente progresistas, no puede evitar inculcar y perpetuar sus formas de discriminación.

Como argumenta la académica Eva Illouz en *El fin del amor. Una sociología de las relaciones negativas* (2021): «El atractivo sexual se encargó de combinar la sexualidad y el consumo en una sola unidad. La esfera del consumidor visual, que emergió a finales del siglo XIX, fue adquiriendo a lo largo del siglo XX una fuerza cultural y económica extraordinaria, porque convirtió la identidad sexual en una representación visual [...] mediada por objetos de consumo».[1] La liberación sexual, que pretendía descargarnos de antiguas tiranías y permitir la libre expresión del deseo, se aprovechó como una nueva oportunidad de negocio. Perpetuando la idea de que no existía más que una versión extremadamente restringida de lo que era atractivo y deseable, los publicistas nos arrojaron a una carrera frenética por imitar ese ideal, bajo amenaza de quedar excluidos de un aspecto de lo más fundamental y gratificante de la experiencia humana: la conexión. La inmensa mayoría creímos que la única manera de lograr una imagen deseable —escogida, de manera deliberada, por su carácter anómalo (alta y delgada, pero al mismo tiempo voluptuosa; atlética, pero sin aparente esfuerzo, al menos para las mujeres)— era comprar una variedad de sucedáneos (esto es, productos y tratamientos), que prometían resultados similares.

Los estándares de belleza prescritos en los albores de la publicidad venían también imbuidos de la apariencia de los más poderosos. El espectáculo del modelo blanco y atlético servía como una suerte de faro lejano que hacía virar en beneficio de terratenientes y capitalistas el rumbo general del deseo de los consumidores, a los que informaba además, y esto es clave, de que nunca estaría a su alcance. La belleza se nos imponía desde prácticamente el último milímetro de medio impreso y la última pantalla del mundo occidental, pero, pese a esta ubicuidad, su poder descansaba en la percepción de que era también algo milagroso, un don natural: una cualidad a la que solo podíamos aspirar, nunca conseguir plenamente. De ahí que la belleza fuese algo que no se revelaba jamás de manera demasiado explícita, en una representación que tenía tanto de ocultación y elusión como de incitación. La belleza rara vez sonreía o enseñaba las encías, sus movimientos eran contenidos y discretos. La belleza tenía una connotación delicada, etérea e inalcanzable.

El premio de consolación —su única hija, que entregó al mundo— fue la sensualidad, mucho más vivaz y pronunciada. Como dice Illouz: «La sensualidad es más democrática que la belleza, en la medida en que está disponible para una población mucho más numerosa [...], porque no es el resultado de una belleza innata, sino más bien de una autoconstrucción: hace del consumo un elemento permanente y activo de la experiencia personal». La sensualidad, que sobre el papel había venido a aliviarnos del espectáculo insultante de los bellos (pero que de ningún modo podría existir sin él), era de nuevo poco más que un juicio de valor, una forma de denigrar los esfuerzos de los consumidores humildes por satisfacer sus necesidades mediante un ideal que jamás estuvo a su alcance. Una manera de estigmatizar el pelo teñido y las extensiones, el *contouring* y la ropa modeladora.

Si la escritora, extendiendo la lógica que se aplica al profesional corporativo o a cualquiera que ostente cierto grado de autoridad, tenía que adoptar un aire de superioridad innata que justificara su posición en el orden social (una posición que cabría recalcar que tiene más de prestigio que de remuneración económica en el clima actual), entonces la sensualidad, que denotaba algo artificial y conseguido a base de esfuerzo, debía evitarse a toda costa. El cuerpo de la escritora había de parecer naturalmente esbelto, pulcro y acicalado, y rehuir al mismo tiempo cualquier signo de interferencia; algo parecido al cuerpo del profesional, que necesitaba convertirse en emblema de prosperidad proyectando tácitamente un estilo de vida que se recreaba en dietas depurativas, abonos al gimnasio y entrenadores personales. El problema —y no un único problema, sino un infinito número de problemas cuyos efectos dañinos sería imposible medir o calcular— era que la transformación del cuerpo en un emplazamiento de deseo consumista condujo al error de pensar que la persona que tenía, por un casual, los pechos generosos o el culo grande o, a decir verdad, cualquier cuerpo llamativo y aplomado, se estaba vendiendo activamente de un modo u otro, o buscando cómo resultar más comercial frente a una mirada sexualizada y mercantilista.

En aquel comentario sobre mi cuerpo, pues, yo estaba en el punto de mira de estas distintas fuerzas, como tantos miles de millones de personas en todo el mundo, pero sobre todo mujeres, que por otro lado se veían obligadas a ocultar o a contener ciertas partes de sí mismas para que las tomasen «en serio» y pintar realmente algo en el mercado laboral profesional: una trasposición literalísima de esa perogrullada del «menos es más» tan repetida en un sinfín de vídeos de moda que he visto para escribir este capítulo. Una frase que sueltan también modelos cuyo aspecto es el resultado de un esfuerzo y un dispendio enormes, y que a un consumidor corriente le costaría todavía más emular. Una frase, pues, que lleva siendo de uso común tanto tiempo que suena ya casi trillada, pero que, sin embargo, como muchas de las sentencias que gobiernan el buen gusto en otros ámbitos de la vida, va enfocada a alcanzar un minimalismo que camufle el esfuerzo tras su creación. No se trata de prescindir por completo de productos y rituales de belleza, sino de adquirir tal destreza en el uso de estos que un observador externo sea incapaz de detectar ningún signo ni rastro evidente.

Cuerpos desobedientes

Para seguir ilustrando la falsa dicotomía que se ha creado entre las ideas de belleza natural y sensualidad comprada, podríamos detenernos en la obra del director de cine Pedro Almodóvar. Nunca un hombre, desde que en el siglo XVI Botticelli se puso a pintar doncellas en túnica, con la espada en la mano y la cabeza seccionada de sus víctimas, había hecho tanto por defender la causa de las mujeres, su seguridad y su realización en el campo de las artes. Sus películas no solo han contribuido a popularizar las ideas del feminismo transinclusivo, la igualdad LGBTQIA+, el derecho al aborto o una actitud empática hacia el VIH y el sida, sino que abordan también temas más de fondo, pero no menos cruciales, para la vivencia de las mujeres, como la belleza, la amistad, la deseabilidad y el amor. Puede que no haya tratamiento más vívido del tema de la belleza que el que encontramos en *La piel que habito* (2011), un filme sobre la cirugía estética en el que el doctor Robert Ledgard, interpretado por Antonio Banderas, consigue trasplantar un nuevo tipo de piel resistente a las lesiones al cuerpo de su paciente, Vera, que interpreta Elena Anaya. Baste decir que me gustan las películas que abordan la piel, la condición femenina y la identidad, y que esta en concreto evidenciaba la obsesión del propio Almodóvar por temas similares, pese a que conformaban ya un foco de interés tácito en las obras de años anteriores.

Mi película favorita de Almodóvar, *Todo sobre mi madre* (1999), es una extensa odisea centrada en el viaje de la protagonista, Manuela, para superar el duelo causado por un suceso que le cambia la vida en el primer cuarto de la película. Manuela encuentra consuelo y un nuevo sentido en las relaciones que entabla en Barcelona con una procesión de mujeres diversas, cada una denigrada de un modo u otro por la sociedad, pero todas resistentes y fuertemente unidas como consecuencia de ella. Se incluyen aquí varias mujeres trans, así como una joven monja que es además seropositiva, interpretada por Penélope Cruz, en su primer papel importante. En cuanto que ejemplo de sororidad y de organización social con la que repeler el dominio patriarcal, puede que sea una de las aportaciones culturales más famosas sobre el tema, y, como resultado de la coincidencia de estas ideas con cierta preocupación por la cuestión de la belleza y por su impacto en las vidas de las mujeres, es una película que me ayudó a transformar la relación que tenía yo con mi cuerpo y con mi aspecto.

Sin mojigatería, *Todo sobre mi madre* presenta una definición de belleza que ha evolucionado al margen de la publicidad tradicional y de la misoginia que sirve a normalizar, y lo hace con unos personajes que han desarrollado un desdén irreverente hacia las trampas convencionales del infantilismo, la feminidad y la callada sumisión a la mirada masculina. La elección de Penélope Cruz aquí es crucial, porque el diagnóstico de VIH de su personaje precipita la crueldad de un mundo que, de otro modo, habría valorado su juventud, esbeltez y conformidad al binarismo de género tradicional, lo que demuestra que todo el mundo es vulnerable y que no hay nadie a salvo, ni siquiera quienes disfrutan del lujo efímero (discutible y contrapesado por abusos frecuentes, debo añadir) de lo que la tradición defiende como bello. Vi por primera vez *Todo sobre mi madre* con veintipocos, en el BFI de Londres, y me sacudió por motivos relevantes no solo para mi experiencia particular, sino también, sentí, para los concretísimos cambios en el lenguaje de la belleza y de la publicidad que se estaban produciendo por todos lados. Si bien es cierto que el mundo de los dosmiles, con aquella exigencia malsana de delgadez y pelo liso como una tabla, había generado toda una particular colección de problemas en la mente de la autora —a tal punto que viví desnutrida y en un estado de agitación permanente desde los catorce hasta los treinta y pocos—, me había ahorrado al menos ese extra de inquietud por la crítica del artificio. Lo que surgió en los años posteriores, sin embargo, fue una fijación con la apariencia natural y con reducir al mínimo las intervenciones; y esas mismas empresas que tiempo atrás nos prometían transformar, modificar o mejorar nuestro aspecto nos prometían ahora ayudarnos a revelar una belleza que debía ser innata.

Glossier —empezó siendo el blog personal de su fundadora, una mujer llamada Emily Weiss— es hoy en día una de las empresas de belleza con mayor facturación del mundo. En su primera encarnación como blog, *Into the Gloss* había sido un espacio para gente igualmente interesada en el arte de lograr una piel despejada, impecable e hidratada. Poco después, Glossier empezó a ofrecerles los productos en sí con que alcanzar esos mismos objetivos, pregonando una visión muy específica y contemporánea de la belleza que consistía toda ella en hacer brillar a la persona real, con delicadas fórmulas tópicas pensadas para realzar la luminosidad, añadir un ligero toque de color o crear la impresión de un saludable resplandor. Marcas como esta parecían abogar por una versión de la belleza más democrática y realista que la imperante en las décadas anteriores, una en la que todo el mundo pudiera sentirse seguro de «abrazar» a su «auténtico yo». Pero había un doble problema. Por un lado, siguieron sin reemplazarse los antiguos, e irreales, estándares de belleza, por lo que Glossier recurría a modelos que se adecuaban bastante a los mismos ideales autocráticos que llevaban décadas vigentes, solo que ahora, en lugar del aire sagrado e impenetrable de Christy Turlington en una valla publicitaria de los noventa —un espectáculo que podríamos estar bastante de acuerdo en que era irreal e inalcanzable—, la democracia aparente de una firma como Glossier llevó a dar por hecho que ese estándar de belleza imposible caminaba entre nosotros y ponía bajo la lupa nuestra incapacidad de cumplir con sus ideales. Por otro lado, y a un grado mucho más profundo, creo yo, perpetuó también el mito falso y dañino de que existía un yo natural contrapuesto a un yo artificial, lo que anulaba la idea de que nuestras identidades puedan conformar una ejecución continuada y una serie de hábitos sometidos a una reevaluación y un ajuste constantes.

¿Acaso el uso rutinario de múltiples productos para el cuidado de la piel, la práctica de ciertos ejercicios prescritos con los que estimular el cutis y el esfuerzo consciente por beber más de dos litros de agua al día representan algo más natural que la aplicación de base o polvos de maquillaje? Cuando cuestionamos la definición de «natural» —y tratamos realmente de alcanzar una descripción concreta de lo que podría significar—, la idea se desmorona invariablemente. Si aceptamos que los rellenos faciales y el bótox son una desviación respecto de lo natural, ¿qué implicaciones tiene cortarse o teñirse el pelo, broncearse, hacerse un tratamiento de ortodoncia, usar métodos para la eliminación del vello, cepillarse los dientes, cortarse las uñas o ducharse por las mañanas? Lo «natural» implica que hay un estado del ser que es absoluto y definitivo. Implica que los cuerpos son estáticos y están fijos en una condición concreta. Pero ¿dónde está exactamente ese estado natural? ¿Qué es natural y qué no? Dado que no somos capaces de establecer una definición satisfactoria, llegamos a un punto en el que comprendemos que lo natural no denota un estado del ser, sino que más bien ofrece un juicio de valor, como la belleza o la sensualidad, que sirve para aprobar, o excluir, a su objeto. La pregunta más importante que debemos hacernos no es qué es bello y qué no, o qué es natural y qué no, sino para legitimar qué —y, a la inversa, para denigrar y ridiculizar qué— se está usando cada una de esas palabras.

Un elemento crucial en la historia de Manuela en *Todo sobre mi madre* es su vínculo con el teatro amateur: el lugar en el que se forjan muchas de sus nuevas relaciones, un espacio de sanación, redención y sentido renovado, pero también, fundamental, un espacio de juego y representación. A medida que Manuela va asumiendo papeles de suplente sobre el escenario, su vida personal atraviesa un proceso de reflexión que la lleva a considerar los roles alternativos que podría encarnar más allá de la maternidad. Roles como el de amiga, confidente, cocinera, actriz, maestra y líder. La película de Almodóvar trata de los efectos curativos de la interpretación, y de la agilidad de las mujeres para cumplir con un sinfín de papeles contradictorios en el curso de una vida. Es una película que ataca la imagen estática y unifuncional de la Virgen María, en pasiva servidumbre a su valiosa carga, Jesucristo, o la idea de que la mujer exista en un estado particular o «naturalizado», algo que la inclusión de mujeres trans no hace más que reforzar, para mostrar el espectro completo de experiencias y presentaciones que engloba el epígrafe «mujer». Es una celebración de la capacidad femenina de metamorfosearse sin fin, y de cómo se podría ensayar y perfeccionar esta tendencia por medio de la adopción consciente de roles y alias alternativos de la mano del arte, como han explorado en su obra tantas de sus practicantes, desde Ana Mendieta hasta Cindy Sherman. Al ofrecernos esta definición radical, fluida y en último término esquiva de la feminidad, nos está invitando a vernos a nosotras mismas desde una perspectiva similar, y a plantearnos la diversidad de papeles y de representaciones en las que nos embarcamos, ya sea de manera deliberada —para escapar de nosotras mismas y disfrutar de la libertad del exhibicionismo y el juego—, ya sea como consecuencia de estar vivas y de la necesidad de cumplir con las obligaciones de nuestras circunstancias. Todo lo cual, insinúa la película, podría formar parte de una actuación que denominamos el yo y que es, a fin de cuentas, mutable y sujeto a cambios. Con ello, Almodóvar hace explícito también el hecho de que la belleza, o tal vez la sensualidad, es una actuación similar: una que a muchas nos enseñaron a ver como una obligación de la feminidad, y con la que, si hay algo de suerte, vamos teniendo una relación más cómoda y matizada con el tiempo. En la que es para mí la escena más destacada de la película, Agrado, una trabajadora sexual trans, vieja amiga de Manuela, expone una teoría similar. Encargada en ese momento de entretener al público de un cabaret cuyas artistas principales se han visto obligadas a cancelar, Agrado presenta su monólogo a un auditorio que en un primer momento parece decepcionado, luego perplejo y, por último, totalmente cautivado ante ese mensaje de resistencia radical ante los estándares convencionales de belleza y de la misoginia contenida en ellos. Después de desabrocharse unos cuantos botones del cárdigan, y de menear los hombros con gesto insinuante, Agrado procede a enumerar las diversas partes de su cuerpo modificadas con procedimientos cosméticos y, en algunos casos, heridas en agresiones físicas. Con tono delicado y coqueto, recita lo que parece ahora, por escrito, un poema en prosa: «Rasgado de ojos, ochenta mil. Nariz, doscientas... Tiradas a la basura, porque un año después me la pusieron así de otro palizón. Ya sé que me da mucha personalidad, pero, si llego a saberlo, no me la toco. Continúo... ¿Tetas? Dos, porque no soy ningún monstruo. Setenta cada una, pero estas las tengo ya superamortizadas. [...] El litro [de silicona] cuesta unas cien mil, así que echad las cuentas, porque yo ya las he perdido. Limadura de mandíbula, setenta y cinco mil. Depilación definitiva láser —porque la mujer también viene del mono..., bueno, tanto o más que el hombre—, sesenta mil por sesión. Depende de lo barbuda que una sea, lo normal es de dos a cuatro sesiones... Pero si eres folclórica necesitas más, claro». El discurso de Agrado presenta una idea de la belleza en cuanto que autorrealización: convertirnos en la versión más auténtica y sincera de nosotras mismas. No se trata de un yo fijo, sino que, en el transcurso del largo viaje por el que nos lleva con su monólogo, Agrado da a entender que es un yo al que andamos siempre intentando vincularnos y comprender mejor, por medio de la experimentación con nuestra apariencia y nuestra sexualidad, pero también confiando en una voz interior que quizá solo pueda oírse cuando desconectamos, y acallamos, otros barómetros externos de valor.

Un sentimiento similar desprendía la artista y escritora Nina Arsenault al hablar de una performance titulada *40 Days and 40 Nights. Working Towards a Spiritual Experience*, en la que se autoflagelaba frente a un espejo. En sus palabras, según las reproducía la crítica Philippa Snow: «Mi obra explora concepciones de la masculinidad y la feminidad, de la autenticidad y la falsedad, que son constructos culturales. [...] Mis ideas sobre la cosificación de mí misma ni siquiera son mías, y ni siquiera son nuevas. En la cultura, están por todas partes. Me he cosificado de muchas maneras. Me he hecho la cirugía estética, y ahí he cogido la idea de que tengo alma, la he dejado un rato en un estante, y he observado mi cuerpo en términos de líneas, forma, masa y estructura. Pero dentro del cuerpo tengo también una sustancia inerte —silicona—, de modo que, literalmente, hay partes de mí que son inertes y que sin embargo son yo». Comentando una afirmación posterior de Arsenault, la de que «hay mucho teatro y mucha actuación» en el hecho de ser mujer, Snow apunta que «la transición de Arsenault en *algo más* —una tetuda ultrasexual, con los ojos de un verde turquesa y la boca carnosa, en forma de corazón, conspirando con su figura irreal para evocar o a un *fembot* o a un maniquí tuneado de Paris Hilton— no ha de interpretarse como el resultado natural de una reasignación de género, sino como una crítica conceptual en tres dimensiones a la naturaleza de lo femenino en sí».[2]

Mientras que Arsenault propone que aparquemos el alma durante la construcción del cuerpo y de su apariencia externa, el discurso de Agrado se aleja un poco al sugerir que, por medio de esa clase de ajustes, el alma tal vez se manifieste y exteriorice. El discurso de esta última termina así: «Bueno, lo que les estaba diciendo, que cuesta mucho ser auténtica, señora, y en estas cosas no hay que ser rácana, porque una es más auténtica cuanto más se parece a lo que ha soñado de sí misma». Sigue siendo una réplica perfecta a las tradiciones de la máquina de sueños de Hollywood, que se ha deshecho siempre en esfuerzos por ocultar a qué extremos deben llegar sus estrellas para sobrevivir a él. La escena ha terminado siendo tan famosa que cabría pensar que no quedan muchas oportunidades de extraer más cosas de ella y, sin embargo, de todos los análisis que he leído, ninguno parece centrarse en esa subversión deliberada de una convención que es absolutamente fundamental en la tradición literaria de Occidente.

El cadáver exquisito

Trazar metáforas elaboradas entre el cuerpo de una mujer y fenómenos grandiosos, que acostumbran a producirse en la naturaleza, para enfatizar la enormidad del deseo del hablante es un recurso poético que se atribuye originalmente al poeta renacentista italiano Petrarca. Este concepto petrarquesco se hizo muy popular en los círculos literarios europeos de los siglos XVI y XVII, en los que se contaban John Donne y William Shakespeare, que se sirvió de él para el primer verso del citadísimo «Soneto 18»: «¿A un día de verano compararte?». Pero los pasajes en los que ambos poetas, así como sus contemporáneos, recurrieron a objetos o a accidentes geográficos con los que comparar la forma femenina son incontables. Es aquí donde da la impresión de haber quedado codificada en la cultura la reducción del cuerpo femenino a una especie de catálogo —esa enumeración satirizada en el monólogo de Agrado—, lo que contribuyó además a crear la imagen de la mujer como una criatura sedentaria con una belleza innata y susceptible de ser descubierta por el espectador-artista masculino.

En los siglos siguientes, la demanda de desnudos recostados prosiguió con la analogía entre el cuerpo y un sinfín de lomas, arroyos y arbustos. Esta clase de imágenes no dejaron de reproducirse incansablemente en la pintura de la modernidad temprana, y muy notablemente en los retratos de Venus creados por Tiziano, Giorgione y otros artistas, en los que el cuerpo femenino tendía a situarse frente a un fondo de colinas sinuosas. Cuadros como *La Venus dormida*, de Giorgione, disponían el desnudo femenino recostado sobre un paisaje tan plagado de detalles que, para contemplar la pintura en su totalidad, el espectador debía tender la mirada lentamente a lo largo del cuerpo, y no de una vez, examinando cada parte una a una. El término «cinemático» resultaría anacrónico, y demasiado decir para referirnos a la experiencia del público de la época frente a estas obras, pero el impulso de concebir el cuerpo de un modo compartimentado, quizá similar a una serie de «planos» dispares, debió de ser inevitable. No obstante, la fórmula solo consiguió alcanzar su pleno potencial con la ayuda de la cámara de cine.

Si bien la imagen estática proporcionaba una foto que el ojo era libre de examinar a placer, la imagen en movimiento solía guiar nuestra mirada de un modo más directo. A principios del siglo XX, a la mujer se le otorgó por fin algo de movimiento, pero nunca tanto como a sus homólogos masculinos. Buster Keaton y Charlie Chaplin eran el vivo ejemplo de la libertad de movimientos que trajo consigo la cámara de cine, y abrieron la puerta al caos y a la rimbombancia, pero las actrices de cine mudo de fama comparable se comportaban más bien como retratos parcialmente animados, y se las aplaudía no por agitar los brazos y por sus gestos impredecibles, sino por sus expresiones distantes, lejanas, etéreas, y su mirada cautivadora. Los burdos apodos que les colgaban a las actrices de la época nos proporcionan una pista muy útil sobre su cosificación y sobre la forma en que quedaban reducidas a algún que otro atributo físico: Mary Pickford, o «la chica de los rizos»; Jean Harlow, o «la bomba rubia»; Louise Brooks, o «la chica del casco negro»; Lana Turner, o «la chica del suéter»; Constance Talmadge, o «la holandesa», por su aspecto ligeramente noreuropeo. De ahí que actrices como Bette Davis despuntasen entre sus colegas y terminaran representando en pantalla una feminidad errática y compleja: sus ojos enormes, encargados tradicionalmente de evocar tristeza, se revolvieron contra su categorización para transmitir furia, jovialidad y buen humor, y lucharon por encima de todo, como si fuese su único objetivo, por combatir toda noción de la mujer como ente pasivo, hermoso e inmóvil.

Sin embargo, pese a los esfuerzos de Davis por inyectar una feminidad animosa a la programación cinematográfica, los estereotipos de Hollywood persistieron. Puede que la materialización más obvia de la misoginia recalcitrante de la industria fuese un recurso que bebía de aquella figura petrarquesca y que se convertiría muy pronto en un manido cliché: trazar un lento barrido con la cámara por el cuerpo de la mujer. Acostumbraba a comenzar por los pies, para maximizar el suspense, y luego iba subiendo progresivamente por las piernas, demorándose en el torso, en los pechos y la clavícula, antes de enfocar al fin el único rasgo que le prestaría a la mujer un mínimo grado de agencia o de carácter:

su rostro. Este motivo se ha usado con tanta frecuencia que necesitaría más espacio del que dispongo aquí para enumerar todos los ejemplos, pero destacan entre ellos la escena final de *Grease* (1978), donde descubrimos la transformación de Sandy, y la revelación de Lisa en *La mujer explosiva* (1985). Hay una pequeña variante en la que se le concede a la mujer una pizca más de movimiento, aunque tampoco mucho, bajando por una escalera o desfilando lentamente por delante de sus nuevos admiradores. Billy Wilder usa este recurso para presentar a la seductora Phyllis Dietrichson en *Perdición* (1944), interpretada por Barbara Stanwyck, pero lo encontramos una y otra vez en escenas similares: en *Alguien como tú* (1999), parodiada en la franquicia *Agárralo como puedas* (1988-1994) y en la revelación del nuevo look de Cady Heron, interpretada por Lindsay Lohan, en *Chicas malas* (2004).

Habría que esperar hasta la revelación de Ursula Andress emergiendo de las aguas en la película de James Bond *Agente 007 contra el Doctor No* (1962), donde se la muestra en el orden inverso (esto es, empezando por la cabeza y el torso), para observar alguna clase de innovación en la fórmula; si bien una que, más allá de sugerir una feminidad ligeramente más empoderada —el biquini de Andress incluye un cinturón militar con una vaina en la que enfundar un enorme cuchillo—, no hizo gran cosa por impulsar la liberación de la mujer en la pantalla. Se trata de una secuencia tan trillada y con un morbo tan caricaturesco que puede parodiarla incluso una película infantil, cuyo público objetivo está ya tan adoctrinado en esa cosificación absurda de la mujer que pilla fácilmente el chiste: me refiero a películas como *¿Quién engañó a Roger Rabbit?* (1988) y *La máscara* (1994), donde la entrada de Cameron Diaz recuerda a la actuación de *burlesque* de la esposa de dibujos animados de Roger Rabbit, Jessica. Hasta la propia franquicia Bond terminó parodiándola en *Casino Royale* (2006), donde el director, Martin Campbell, optó por invertir la mirada y hacer que fuese Bond, interpretado por Daniel Craig, quien emergiese del agua con aire seductor.

Hay un ejemplo, no obstante, que destaca meridianamente en la historia del cine cuando abordamos este motivo, y que parece el más relevante a la hora de compararlo con el monólogo de Agrado, y es el de Marilyn Monroe en aquel andén de tren en *Con faldas y a lo loco* (1959), de nuevo dirigida por Billy Wilder. En su dimensión estilística, la escena podría considerarse simplemente una prima lejana de otras, siendo como es un *travelling* en el que el barrido de la figura femenina queda interrumpido. Además, no es la primera vez que vemos a Marilyn, que se nos ha revelado momentos antes caminando en dirección a Joe, interpretado por Tony Curtis, y Jerry, interpretado por Jack Lemmon, los dos vestidos de mujer para intentar escapar de Nueva York desapercibidos. Caen ambos cautivados por el glamour interpretativamente absorto, totalmente ensimismado de su personaje, Sugar Kane, cuando esta pasa por su lado: las piernas radiantes asoman por debajo de un abrigo grueso y rematado en piel, enfundadas en unas medias con costura trasera.

Justo cuando esquiva una bocanada de vapor que escapa de uno de los vagones (una imagen con ecos a la joven Ana Karenina del comienzo de su relato, y conmovedora, teniendo en cuenta las circunstancias de la muerte de Marilyn), la actuación queda interrumpida, y hasta cierto punto perturbada y expuesta, por los instrumentos contundentes de la modernidad y la vida práctica y cotidiana. El andén es una herramienta muy útil para los narradores, pues es el lugar de muchos primeros y últimos encuentros, pero también uno en el que quedamos todos reducidos a espectáculo y observador: un espacio en el que nos disociamos de las circunstancias y nos convertimos en cuerpos en tránsito, con nuestros relatos ocultos y sumidos hasta cierto punto en la irrelevancia.

La reacción de ese par de admiradores es curiosa. Jerry, interpretado por Jack Lemmon, parece incrédulo: «¿Te has fijado? —dice, fascinado ante ese espectáculo de feminidad que él es incapaz de emular—. Qué manera de moverse. Me recuerda a la jalea de membrillo. Deben de tener un motorcito o algo así. Te digo que son diferentes de nosotros».

«¿De qué tienes miedo? —replica Joe—. Nadie te va a cortejar».

En la reacción de Jerry, el sujeto femenino pasa de ser un ser sintiente, que controla su propia deseabilidad, a un objeto pasivo disponible para el consumo: el camino del «ella» al «esa», y del «esa» al «eso». Jerry está dispuesto en un primer momento a aceptar que la mujer es autora de su propia sexualidad, pero, ante la dificultad que le supone aceptar sus limitaciones para encarnar ese mismo poderío y atractivo, su generosidad se desinfla, y esa virtud ha de ser algo por fuerza innato: «Te digo que son diferentes de nosotros».

Lo que resulta especialmente irónico de este chiste desfasado y reduccionista, visto ahora, es todo lo que sabemos hoy en día de la representación que hizo Marilyn del papel de sex symbol, y cuántos libros, documentales y recreaciones ficticias se han dedicado a explorarla. Fue una actuación que logró satisfacer el ansioso apetito de los medios estadounidenses mejor que ningún otro desde entonces, pero que requería de un maquillaje elaborado, prendas modeladoras, intervenciones quirúrgicas y un ajuste coordinado de su forma de hablar y comportarse. Con Marilyn nunca es fácil trazar la distinción entre la actriz y la persona; encarna en sí misma, de hecho, un argumento a favor de eliminar cualquier distinción, para todos nosotros. La actriz es un constructo ficticio tan deliberado y tan distinto de la Norma Jean anterior a la fama que su faceta como protagonista del corazón y sus apariciones públicas al margen de la pantalla perfectamente demarcada del cine se consideran otra faceta de su arte. Así pues, no tiene nada de despectivo afirmar que, a menudo, no era tanto la actriz la que se escogía para ciertos papeles como el personaje. Y que tal vez fuese Marilyn —esa representación frente a una cámara de cine que no dejaba nunca de rodar, ni siquiera fuera del set— la que, muy por encima de la interpretación de cualquier otro actor en cualquier otro papel, constituyó la gran actuación estelar del siglo xx.

Eso es lo que convierte la elección de Monroe para *Con faldas y a lo loco* en un golpe de genialidad, y trae consigo un nivel de autoparodia impensable para cualquiera de sus contemporáneos, ninguno de los cuales parecía estar tan al tanto de la broma en torno a su celebridad, ni tan dispuestos a caricaturizarse a sí mismos. *Con faldas y a lo loco* trata de la necesidad de actuar para sobrevivir en los Estados Unidos modernos: cada uno de los protagonistas adopta un personaje con el que escapar, ya sea huyendo disfrazado del Estado para esquivar la atención de las autoridades, como mejorando su situación a través del matrimonio y la seducción de un hombre rico. *Con faldas y a lo loco*, muy en la línea de la película de Almodóvar cuarenta años después, destapaba el artificio indispensable en unas sociedades modernas construidas sobre la base del individualismo, donde debemos recurrir a cualquier medio necesario para sobrevivir. Aun así, en esas líneas de diálogo de Jerry somos testigos de la forma en que la genialidad interpretativa, cuando lo que se interpreta es la feminidad, acostumbra a negarse y subestimarse con premisas patriarcales, para las que supondría un acto demasiado generoso con la inteligencia y las artimañas femeninas reconocer que han caído en la trampa del papel que la mujer estaba fingiendo: ese proceso del «ella» al «esa» y del «esa» al «eso» con el que se ha venido desdeñando durante siglos la representación de la belleza y el género y atribuyéndola furiosamente a cierto estado «natural» y esquivo de la condición femenina que tan solo poseen unas cuantas elegidas.

«Yo lo único que tengo de verdad son los sentimientos y los litros de silicona que me pesan como quintales», dice Agrado. Almodóvar podría haber elegido que su personaje pronunciara una historia lacrimógena o una diatriba, despotricando del daño que le han hecho y de la discriminación que ha sufrido. Con ello, sin embargo, no habría logrado más que reforzar la idea de que Agrado es distinta, o de que los procedimientos de reafirmación de género a los que se ha sometido la alejan de algún modo de una norma. Sin embargo, optando por hacerle adoptar la misma técnica narrativa que los hombres llevan siglos empleando —el examen frío, impasible, de una serie de rasgos, enumerados por separado y uno detrás de otro—, Almodóvar convierte en cómplice al espectador, que en este caso consiste tanto en su interlocutora en la película como en los que estamos fuera de ella: ¿quién de nosotros no se ha excitado nunca ante el cuerpo de una mujer presentado como una carta de precios, detallado y categorizado conforme a atributos individuales? Pero también ¿quiénes de las que vivimos en este sistema de ambiciones y rivalidades individuales, en el que nos vemos todas degradadas y obligadas a vendernos de cualquier forma a nuestro alcance, no hemos satisfecho la mirada masculina por medio de leves pero continuos ajustes en nuestra apariencia, a cambio de los beneficios que esto pueda otorgarnos?

Aquí no hay ningún juicio implícito, sino lo contrario. Hay un llamamiento al espectador para que desista de sus juicios sobre personas que lo único que hacen es explicitar y evidenciar las tendencias de todos nosotros. Los esfuerzos de Agrado, sin embargo, destacan porque van encaminados a servir a algo mucho más autorrealizador y admirable que el simple cumplimiento automático de los roles designados al nacer, como vemos en la conducta de quienes encarnan con diligencia y fervor un determinado tipo de normatividad cisgénero.

El discurso de Agrado es, desde luego, una poderosa declaración sobre la naturaleza de la identidad que legitima la experiencia de las personas trans y no binarias, y afirma su posición de igualdad en una sociedad que las ha vilipendiado históricamente. Pero, a un nivel más fundamental, busca plantear una definición alternativa de la belleza natural: de las condiciones de una persona al nacer a la expresión de una identidad que se define en otra parte; de Dolly Parton identificándose con la imagen de aquella mujer a la que había visto en el colmado, a la que su madre y el resto del vecindario despreciaban, y a la que ella decidió emular el resto de su vida. Es la imagen de Pamela Anderson llamándome con una generosidad que parecía inencontrable en cualquier otro punto de la cultura pop; la libertad simbolizada en esa voluminosa melena cardada, las cejas finas como patas de araña, el efecto alado de la sombra de ojos y los labios metalizados, empuñando una pistola en aquel videoclub de Birmingham, donde a los empleados les estaban siempre mandando que ocultaran sus deseos y se amoldasen a una serie de normas autocráticas decididas por el poder. Era una imagen que me decía, como le decía al mundo entero, que Anderson no tenía ni tanto orgullo ni tanta vergüenza como para no hacer explícitos su sexualidad y su deseo; un símbolo de feminidad aumentada, si se quiere, pero una feminidad subvertida también, hasta cierto punto, pues se niega a achicarse y a mostrarse recatada y, al contrario, exagera sus proporciones por medio de implantes, tacones de aguja y el pelo peinado hacia atrás. Porque el último extremo de la obsesión de nuestra sociedad por eso que llamamos «belleza natural» sería la inercia absoluta, que es la clave. Es la reducción de la mujer a objeto, donde se muestra inmóvil, inerte, inofensiva, pero donde su valor y viabilidad se miden de acuerdo con una métrica externa, y no como si fuera algo conseguido inventándose a sí misma.

Después de ver *Todo sobre mi madre*, y en los años que pasé batallando con mis propias inseguridades físicas, me sorprendió encontrar lo que parecía ser un puritanismo creciente con respecto a la representación de las personas cisgénero, pues fue surgiendo una fijación casi psicótica sobre quien, para ser considerado viable, y hermoso, precisaba de la menor intervención, una dinámica que chocaba frontalmente con los estilos más maximalistas que habían popularizado las comunidades queer, y en particular la escena *ballroom*, en las grandes ciudades.

LO «NATURAL» Y LO «EXÓTICO»

La belleza natural excluye también, y censura sutilmente, las tendencias que se han desarrollado al margen de la tradición occidental, como por ejemplo en Bollywood, con ese uso constante del kohl, las sombras de ojos brillantes y los labios pintados de un aterciopelado carmesí. Lo que se presenta, sobre el papel, como un esfuerzo por liberar a la gente de largas y laboriosas rutinas de maquillaje que muchos en realidad disfrutan (¡!) no repara en su oposición hacia una diversidad de ramas culturales que quedan fuera del canon occidental y mayoritariamente blanco. Puede que resulte extraño haber citado tantos ejemplos de la edad dorada de Hollywood en este capítulo, pero siendo como es el lugar en el que se fundaron tantas ideas sobre la belleza, o como mínimo donde se popularizaron en la cultura occidental, puede que su realidad no esté tan alejada de la nuestra como imaginamos. El tratamiento que dispensaron los dueños de los estudios y los medios a tantas estrellas de Hollywood, Marilyn incluida, fue inhumano, y, aunque en la industria del entretenimiento actual hayan quedado teóricamente censuradas muchas de las cosas que les ocurrieron a esas mujeres, todavía pueden sentirse sus efectos residuales.

La primera estrella de Hollywood que cautivó mi imaginación fue Merle Oberon interpretando a Catherine Earnshaw en la adaptación cinematográfica de *Cumbres borrascosas* de 1939, junto a Laurence Olivier en el papel de Heathcliff. Era una película que mi madre adoraba, sobre todo la escena en la que Heathcliff acerca el cuerpo exangüe de Catherine a la ventana de la residencia de los Earnshaw para contemplar juntos los páramos por última vez. La película se ponía tantas veces en mi casa, y su impacto emocional dejó una marca tan indeleble en mi madre, que despertó en mí un amor eterno hacia la novela de Emily Brontë, hacia esta adaptación en particular y, por encima de todo, hacia la interpretación de Merle, que le prestaba a la deshonrosa experiencia de movilidad social de Catherine un aire delirante.

Oberon falleció en 1979, y no llegó a ser jamás un nombre popular y conocidísimo. De ahí que resultara tanto más curioso que, en 2023, se la mencionara a propósito de la nominación de Michelle Yeoh para el Oscar a la mejor actriz por su interpretación en *Todo a la vez en todas partes* (2022). La revista *Hollywood Reporter* afirmó que Yeoh era «la primera persona que se identifica como asiática que ha recibido nunca una nominación a ese premio», lo que hizo que muchos críticos y periodistas corrieran a señalar que ese logro le correspondía en realidad a Oberon, que fue nominada por su papel en *El ángel de las tinieblas* (1935). Sin embargo, debido a una historia trágica y compleja que implicó el ocultamiento de su raza y de sus orígenes, el grueso del público, yo incluida, había dado siempre por hecho que Oberon era blanca.

En la adaptación cinematográfica de *Cumbres borrascosas* (1939), Merle es una figura fantasmal cuyo pelo azabache no hace más que realzar la blancura de su piel. Su palidez es tan extrema que a mí, de niña, me parecía creíble que fuese una aparición. Sin embargo, Oberon había nacido con la tez oscura, hija de padre británico y madre esrilanquesa (hay cierta controversia en cuanto a si su madre era en realidad la mujer que decía ser su hermana, aunque esta era también esrilanquesa). Lo que es indudable es que Oberon nació con el nombre de Estelle Merle O'Brien Thompson en Calcuta, donde se convertiría más tarde en una habitual de las fiestas y los clubes de la ciudad y desarrollaría una red de contactos que le permitió labrarse una carrera como actriz en Reino Unido, Estados Unidos y más allá.

Que a Oberon se la vendiera en un primer momento como blanca fue una decisión empresarial tomada en un mundo que seguía siendo explícitamente racista. Una ilusión que fue capaz de mantener por medio de una gruesa capa de maquillaje y tratamientos para aclarar la piel que terminaron por perjudicar su salud a largo plazo: blanqueamientos y suplementos que debilitaron su sistema inmunitario y alteraron permanentemente el estado de su piel. Todo ello iba acompañado de una elaborada red de mentiras que Oberon tenía la misión de sostener frente a entrevistadores y contactos del sector. En muchos reportajes se la cita afirmando que había nacido y crecido en Tasmania.

El uso de sulfonamidas para el blanqueamiento de la piel acabó desembocando en una reacción alérgica que le provocó a Oberon una desfiguración facial permanente que solo pudo corregir en parte con procedimientos de dermoabrasión constantes. Oberon pasó buena parte de su carrera camuflando los daños sufridos en la piel por culpa de estos tratamientos, y desarrolló un sinfín de estrategias para ocultárselos a la cámara. La pálida figura que vemos en *Cumbres borrascosas*, por tanto, es en cierta medida una ilusión creada por unas técnicas de iluminación que se desarrollaron especialmente para Oberon, pero también de varias capas de corrector y polvos de maquillaje: productos a los que había recurrido en su día para enmascarar el tono natural de su piel y que usaba ahora para enmascarar las consecuencias de sus intentos por eliminarlo.

En la cima de su carrera, sin embargo, y en medio de toda esa actividad para alterar su apariencia, Oberon apareció en varios anuncios publicitarios de la firma de cosméticos Max Factor. Uno en particular, promocionando una paleta de labiales, decía: «Mucho más encantadora desde que empezó a revelar su atractivo natural. Merle Oberon [...], antes la chica con un aire de fantasía exótica, y ahora preciosa, natural y cautivadora».[3] El racismo explícito del anuncio no es nada inusitado en los Estados Unidos de los años treinta, lo que resulta algo chocante, eso sí, es el uso de «natural» como sinónimo de «blanco». Aun así, los anunciantes y el público ignoraban las auténticas raíces de Merle, el texto daba entender que su «verdadera» identidad solo podía ser «revelada» aplicando productos que permitiesen que su piel luciera más pálida. Esta no es esa identidad autocreada a la que se refería Agrado, sino una identidad dictada e impuesta por la sociedad: una que favorecía a las mujeres blancas de clase media y, por el contrario, exotizaba y denigraba a quien no lo fuera. Se insinúa además que lo «exótico» (término racista empleado para presentar como rarezas a las personas no blancas) significa también licencioso e ilícito. Este estereotipo aparecía una y otra vez, encarnado en la vampiresa de larga melena oscura que venía a trastocar el orden civilizado y presidido por la chica «preciosa, natural y cautivadora» (léase: rubia) en el cine y en el resto de los ámbitos de la cultura popular.

Puede que la historia de Oberon parezca algo residual y anticuado, pero apela a una cultura que nunca llegó a enmendarse plenamente, y su ejemplo nos da la oportunidad de considerar los perjuicios que sigue comportando el término «natural», más en un momento en el que se cotiza tan alto. En la exigencia actual de una piel despejada, traslúcida e impecable hay ecos de una tendencia que vemos reflejada vivamente en obras de arte como el *Retrato de la Armada de la reina Isabel I* (de artista desconocido), pero también en las modas de los siglos XVI, XVII y XVIII, cuando los ricos terratenientes y la realeza acentuaban a menudo la blancura de su piel con polvos, y se aplicaban tintura azul en las sienes y el cuello para crear la apariencia de venas. Más tarde, en el periodo victoriano, no era inusual que las mujeres de clase media que querían impostar una imagen de riqueza se diesen baños de arsénico, una práctica que dio lugar a incontables lesiones y muertes. La intención de todo ello era aparentar que la persona no había tenido que trabajar nunca al aire libre, ni exponerse al sol, ni trajinar a lo largo de jornadas interminables de un modo que pudiese terminar curtiendo su piel con el tiempo. Casi cada elemento del atuendo de la reina Isabel I, por ejemplo, es una demostración de antipracticidad: desde los ropajes pesados y enormes que cubren su persona, con sus detalles intricados y miles de joyas engastadas, hasta ese recogido sempiterno desafiando a la gravedad. Es una imagen que dice: *Acumularé y exhibiré el botín de mi reino sin desempeñar ningún papel práctico en su creación.* O, por ejemplo, María Antonieta, cuyos retratos de infancia muestran una figura blanca como la cera a la que la pequeñez de nariz y boca y las proporciones desmesuradamente grandes de los ojos dan un aire casi ridículo. Y a la que, de adulta, mostrarían en público con tocados que eran el equivalente al glaseado de un pastel, como ese con el que se burló del pueblo de Francia, desparramándose en zarcillos empolvados y entrelazados de plumas y perlas. Las ricas influencers de hoy en día tal vez no se expresen exactamente del mismo modo, pero en esa promoción de un estándar de belleza que gira todo él en torno a una piel pura, ejercicio regular y una dieta compuesta exclusivamente de zumos prensados en frío, hay un intento de transmitir los privilegios de una vida regalada. Y lo mismo en las tendencias de belleza que nos empujan a conseguir cierta iridiscencia y luminosidad en la textura de la piel, cuando la mayoría de la gente trabajadora se conforma con mantener el sudor lo bastante a raya como para verse mínimamente arreglada.

Tal vez parezca obvio, pero lo cierto es que nos asombra la desigualdad flagrante que exhibe la retratística real del pasado, o los estándares horripilantes de la anticuada maquinaria de Hollywood, y al mismo tiempo, aunque nos contentemos con un supuesto progreso, y aunque el dialecto haya cambiado —los estilos, el vocabulario, los nombres de las marcas y las dietas de moda—, gran parte de las dinámicas que ponemos aquí de relieve han demostrado ser recalcitrantes e indisociables de la actividad actual. Es más: hay que andarse con ojo al considerar determinados términos, y no solo «natural» o «sencillo», sino también todo ese lenguaje de la luminiscencia, tan común en la industria cosmética moderna, con todos sus juicios tácitos primando lo «claro» y lo «radiante».

Simple y llanamente, si bien pueda parecer que los estándares de belleza se han democratizado, ahora que casi todo el mundo tiene la posibilidad de emitir a través de las redes sociales, el debate en torno a ellos resulta mucho más ineludible, y la oportunidad de cambio se ha visto reducida radicalmente a cuenta de un algoritmo que acostumbra a favorecer lo conocido y las «normas» preexistentes. Los arquetipos del pasado tal vez fuesen más rígidos e inalcanzables, pero, como ya hemos dicho, al menos quedaban consignados a una revista que uno podía cerrar o tirar a la basura, o a una pantalla de televisión que estaba en nuestro poder apagar. Dado que la dismorfia corporal y los trastornos alimentarios nacen a menudo de una tendencia vinculada al trastorno obsesivo-compulsivo, o a la mera incapacidad de pensar en otra cosa, la disponibilidad constante de imágenes y de debates en torno a las imágenes que nos brinda la tecnología actual supone un dilema desquiciante.

Es más, los peligros de unos «estándares de belleza dañinos», como los denominan los medios, es una de las preocupaciones de nuestra época, y con razón: los artículos de opinión y los debates online a propósito del daño que causan los filtros de las redes sociales, los productos para perder peso y los tratamientos invasivos ponen de relieve los efectos adversos que tiene nuestra cultura visual, en particular entre quienes se identifican como mujeres. Pero, como ocurre con tantos fenómenos sometidos al juicio literal de un periodismo simplista, esta crítica es la culpable a menudo de reforzar una visión naturalizada de la belleza: de la belleza como hecho. Perpetúa la creencia errónea de que un ideal de belleza es algo más que una serie de estándares acordados por una minoría de trabajadores de los medios, así como de anunciantes, con el fin de hacer perdurar el deseo consumista y la estructura de poder vigente, y que es solo la presión que sienten los individuos que tratan de amoldarse a él lo que lo hace tan nocivo. Los medios conceden a menudo que la belleza es mutable, y sobre todo en los dosmiles, cuando se instaló una fijación bastante hostil por la «talla cero», era habitual trazar comparaciones con los estándares de belleza de los cincuenta, una época en la que a las mujeres se las celebraba por sus «curvas».

Estos hechos, sin embargo, se enarbolan siempre como testigo de un estándar de belleza fracasado, o que se ha ido desviando respecto de un punto de partida más «sano» y «natural», y no como una prueba de la naturaleza en esencia ilusoria de la belleza, o de la «sensualidad», tal como acostumbran a definirse. Si encontrásemos otro término, más preciso, desligado de esa ola de afecto y deseo que sentimos hacia otra persona —que nunca depende, en realidad, de apariencias físicas, y que, cuando sí depende, cabe pensar que lo hace solo como consecuencia de una tendencia social a enfatizar excesivamente la importancia de lo visual—, podríamos emplearlo para referirnos con más claridad a los juicios estéticos que se dirimen en el ámbito social, y que se asientan en todos los prejuicios y crueldades que encierra en consecuencia esa sociedad.

LA APARIENCIA DE PODER

La impresión que nos creamos del aspecto de una persona también puede ir completamente ligada a los sentimientos que nos despierte, cosa que refuta en sí misma cualquier estándar existente. Del mismo modo que hallamos belleza en una persona que se nos muestra cordial, afectuosa y atenta —y viceversa—, somos susceptibles a la imagen comercial de determinados individuos en cuanto que sex symbols. Es imposible desentrelazar nuestro criterio propio del que imbuye en nosotros el anunciante por medio de la manipulación psicológica. ¿Y si el verdadero daño no estuviese simplemente en las estipulaciones de un determinado estándar en un determinado momento, sino en convencernos de que la belleza física, desligada de todo sentimiento, existe en sí, y que no se trata de una falacia comparable a, pongamos, la raza, la nacionalidad o el género?

En lugar de intentar poner remedio a nuestro dolor liberalizando el estándar de belleza vigente para englobar en él un repertorio más amplio de tipos de cuerpo y de piel —un estándar que, al afirmarse como lo «bello», crea necesariamente un opuesto feo, deficiente, deforme—, ¿qué pasaría si desconfiásemos por completo de cualquier noción de belleza física? A fin de cuentas, sentirnos atraídos por alguien que no encaja en los límites de lo que consideramos aceptable en nuestro círculo de amigos o en el resto de la sociedad es uno de los grandes dilemas de la era de las citas, cuyas apps alimentan la tendencia a evitar encontrarnos a la fría luz del día con las mismas personas capaces de llevarnos al clímax en la tibia penumbra de la noche. ¿De verdad no es esto una forma de locura?

Desde luego, puede que haya buenos motivos para que pocas veces se analice la relación entre belleza, poder y política: ciertos déspotas se han aprovechado de la vinculación entre los tres factores en algunos de los peores crímenes de la historia de la humanidad. Pero lo que hizo posibles tales crímenes fue la idea, falsa pero generalizada, de que la belleza es innata. Cuando no somos capaces de ver la belleza como una proyección del poder, y el producto de la opresión, corremos el peligro de que se use para redoblar esa opresión. Los dictadores tienden a convertir las cuestiones históricas en conspiraciones: que los blancos hayan sido el grupo más poderoso durante siglos es un hecho incuestionable, no obstante, ese poder es el simple resultado de la opresión fortuita de otros grupos. El supremacismo blanco desestima la historia para postular la idea de que esa distinción inherente se ve ahora amenazada. La belleza —en el sentido formal y puramente estético del término— forma parte con frecuencia de un proceso de naturalización, de la fantasía de una superioridad inherente y del dominio predestinado de un grupo sobre otro. Puede que rehuyamos el tema por miedo a ofender a alguien, o a desencadenar una serie de terribles acontecimientos en el mundo, pero nuestra cautela va desencaminada, y cualquier causa antifascista que pretenda abordar estos fenómenos de un modo superficial, en lugar de tratar de comprender su presencia subliminal en patrones mentales que todos y cada uno de nosotros somos susceptibles de tener, es una causa fundamentalmente pobre.

Durante años, evité escribir sobre la belleza; me parecía algo demasiado simplón para mí. Era un acto de misoginia internalizada, una censura tan cruel de mis intereses e inquietudes como las duras palabras que mis novios habían dedicado a lo largo de los años a mi apariencia y mis apetitos. De hecho, me atrevería a decir que muchas veces moldeé mis intereses para complacer a la gente con la que salía, buscando así convertir mi repertorio intelectual en una extensión de mi belleza, o compensar las carencias de mi aspecto físico erigiendo una imagen que me permitiera desempeñar otro perfil, tal vez de ratón de biblioteca, de estudiosa o de creativa. En último término, sin embargo, el interés por la estética y la política, y por los juicios malsanos y severos que surgen entre personas que tienen más que ganar si se llevan bien, no puede permitirse pasar por alto el tema de la belleza.

Soy consciente también de que, desconfiando de la existencia de una belleza física en cualquier sentido estético, estoy profanando uno de los últimos vestigios de sentimiento sublime que queda, al que muchos de nosotros recurrimos para tratar de dotar de sentido a nuestras vidas. Puede que no en la idea de la belleza en sí misma, pero sí en el romanticismo, que en el sentido popular se basa en cierta noción de belleza. Es algo tan automático que difícilmente se nos puede culpar: la necesidad de adjudicarle nuestros sentimientos a un atributo físico, tangible; de decirle a esa persona, y a nosotros mismos, que es lo más precioso que hemos visto jamás. Sabemos desde un punto de vista lógico que la belleza está sometida a fuerzas sociales y políticas, porque sentimos que nuestra atracción varía según el momento y las circunstancias, pero el apego que sentimos por esa versión del romanticismo que promueve Hollywood, centrada en la belleza, se las apaña siempre para imponerse. En cierto sentido, la belleza es casi una metáfora de la atracción, y hemos empezado a confundir el símbolo con el objeto: decimos que alguien es la persona más guapa que hemos visto nunca porque la amamos, y, en una cultura visualmente saturada que coloca las apariencias por encima de todo lo demás, pocas cosas podrían ser más halagadoras. Pero entonces surge la necesidad de hacer que sea cierto, de creerlo, y de silenciar como sea la duda que existe en nuestro fuero interno.

Esto genera una disonancia que convierte la atracción en algo extraordinariamente frágil, y creo que está contribuyendo a una crisis generalizada en la sexualidad y en el amor. Con la negativa a reconocer las fuerzas sociales y culturales que dan forma a nuestra atracción visual primera, por miedo a que hagan añicos un espejismo, y con la insistencia, por el contrario, a atribuirlo todo a un ideal romántico con la «belleza» ocupando el centro, terminamos también traduciendo las premisas altamente falibles y crueles del capital en verdades absolutas. Cuando las demostraciones superficiales de capital cultural dejan paso y nos es posible descubrir a la auténtica persona —esto es, cuando puede empezar verdaderamente la atracción real—, tomamos conciencia de pronto de ese artificio inicial, y nos repugna la posibilidad de haber sido engañados.

Vemos esto escenificado en *the ick* [el repelús], un término popularizado en el programa de la televisión británica *Love Island*, que hace referencia a ciertas peculiaridades de la presencia personal que tienen el poder de cortar por completo la atracción del otro. Algunos de los «repeluses» que he visto mencionados online son «el momento en el que el barbero lo hace girar en la silla para mostrar el cogote», «cuando los pies no le tocan al suelo sentado en un taburete de la barra», «cuando pide ver la sopa del día», «cuando saca la punta de la lengua dando marcha atrás», «cuando vuelve caminando después de su turno en los bolos», «cuando lleva el lazo de los cordones demasiado grande», «cuando se pone el portátil en el regazo», «cuando lleva mochila», «cuando lleva paraguas». Nos hace gracia, pero el concepto del «repelús» se extiende también al sudor donde no toca, los mocos descuidados, la saliva en las comisuras de la boca, un leve aliento a ajo, el estilo equivocado de zapatos o la presencia ligeramente inesperada de vello corporal. En lugar de ser francos con nosotros mismos desde buen principio y aceptar que el otro es solo una persona, y que nuestra atracción, si bien real, se basa en un conjunto de experiencias y códigos culturales que hemos internalizado, lo idealizamos de tal manera que cualquier discrepancia puede desencadenar repulsión de manera repentina y, a menudo, irrevocable.

Lo interesante es que nuestras atracciones parecen haberse vuelto mucho más neuróticas y fáciles de destruir ante la más mínima inconveniencia, sorpresa o divergencia de un conjunto muy estricto de criterios visuales o cuando menos estéticos. Y, aunque podamos hablar de los «repeluses» hipotéticamente y echar unas risas online, forman parte de una cultura en la que el *ghosting* hace estragos y mucha gente tiene dificultades para crear vínculos sólidos y duraderos. El motivo es la forma en que nos volcamos a una noción abstracta de atractivo que, como hemos explicado ya, debe concebirse como absoluta e irreprochable para que nos entreguemos a ella.

Todo esto anula la labor de muchos escritores y pensadores que han intentado explicarnos que la belleza, por cuanto se relaciona con lo puramente visual, es indisociable del poder: que viene definida socialmente y está siempre al servicio de los vigentes poseedores de la riqueza y el poder, como decía Ruskin. Es casi como si, una vez que aceptamos que los estándares y nociones convencionales de belleza son indisociables de las cuestiones del poder, hubiésemos desistido de negociar con esa realidad y de tratar de desarrollar vías sensatas y racionales de garantizar la coexistencia de una definición más amable y emocional de la belleza. Por el contrario, rechazamos la idea misma insistiendo en que la belleza es en efecto innata, mística o un capricho de la naturaleza dispensado por Cupido, cuyas fuerzas no podemos cuestionar, y a la que por tanto es imposible resistirse.

Existe además la idea comúnmente aceptada de que la belleza otorga cierto grado de poder: *pretty privilege* es un término que emplean las generaciones más jóvenes para referirse a la capacidad que tiene una persona de obtener determinadas ventajas gracias a su aspecto. Pero ¿y si esta forma de explicar el mundo está errando el tiro por completo? ¿No sería más útil concebir la belleza como una extensión del poder, cuya definición, según los estándares populares actuales, es poco más que una expresión de las fuerzas que gobiernan y dominan? ¿Y si resultara que solo encontramos físicamente atractivas a ciertas personas por los significantes tácitos de riqueza, salud, fuerza y dominio que contienen, y la belleza, despojada de todo concepto de poder, fuera muy distinta de la que conciben los medios?

De un día para otro, y en función de mi estado de ánimo, me veo radicalmente distinta. La dismorfia corporal hace estragos. Las concepciones de la belleza no son de fiar. En mi experiencia, no podría haber nada más lejos de la verdad que aquel famoso dicho, atribuido erróneamente a Kate Moss, pero popularizado en las webs proanorexia en torno a 2003, según el cual «nada sabe mejor que estar delgada».[4] Fueron los románticos de finales del siglo XVIII y principios del XIX los que identificaron la belleza, no tanto como una observación empírica, sino como un sentimiento: eso que denominaron «lo sublime». Puede que la conexión entre la idea de lo sublime y una supermodelo de los noventa no salte muy a la vista, pero descubrirla, cuando era más joven, me llevó a entender que, si bien la belleza era capaz de despertar maravilla, también podía suceder lo contrario: que la maravilla o la felicidad nos revelasen el sinfín de formas diversas de belleza que teníamos alrededor. Pocos caminos más rápidos a la maravilla y a la felicidad que el paladar, creo yo, y lo que los suplementos adelgazantes no quieren que nadie sepa es que estar bien alimentado genera un sentimiento de satisfacción, tal vez, desde el cual el mundo entero parece hermoso, incluida la persona que nos devuelve la mirada en el espejo.

5

La comida

Buena, sencilla y honesta.
Anónimo

Hace unos años, mientras me esforzaba por llegar a final de mes en Londres, y después de dejar aquel puesto en la agencia publicitaria para desembarcar en el mundo, posiblemente peor, del *freelancing*, cogí un trabajo de redactora para una empresa de bebidas cuyo producto estrella era una línea de zumos «detox» envasados. Se trataba de una caja de zumos diversos que había que consumir en el plazo de unos días como parte de un programa especialmente diseñado para aportar múltiples beneficios a la salud, entre ellos el espurio «depurar nuestro sistema». Ni una sola vez, en las semanas que trabajé para esta empresa, se mencionó la pérdida de peso. Era la verdad impronunciable a la que intentábamos no aludir nunca explícitamente; la que más, esa redactora externa cuyo encargo era ponerles nombre a los diversos zumos detox y a sus productos individuales, así como crear eslóganes para las cajas y los supermercados. Me pasé varias semanas frotándome la barbilla y estrujándome los sesos para encontrar nuevas maneras de insinuar una ingesta calórica mínima sin ser en ningún momento tan explícita como para mencionarla directamente. Un digno uso de mi tiempo, creo que estaremos todos de acuerdo, que dio pocos resultados más allá de mi rauda substitución por un agresivo publicista.

Lo que me chocó de esta experiencia fue todo el lenguaje nuevo que había surgido en relación con la comida. En cada conversación que tuve con el fundador de esta empresa, encontré un rechazo automático y defensivo frente a justamente eso que los dos sabíamos que era cierto: que la compañía había creado un nuevo producto dietético, y que él mismo, corredor entusiasta y defensor de la dieta baja en azúcares y carbohidratos, se dedicaba a venderle a la gente rica un método cómodo de perder unos kilos. En lugar de eso, hablábamos de las ventajas emocionales, espirituales e incluso pseudointelectuales de reemplazar las comidas por zumo prensado en frío. Palabras como «alegría», «pureza», pero también «logro», «satisfacción» y «realización», se dejaban caer aquí y allá. Allí donde se nos impedía ser sinceros sobre lo que les estábamos vendiendo a los consumidores, recurríamos al argumento moral de darle a nuestro cuerpo un trato *correcto*, por medio de un programa de abstinencia y restricción. La pureza a la que aludía el nombre del producto implicaba la existencia de un contrario: la suciedad. Y los comedores sucios, se diría, serían esa gente incapaz de seguir una dieta de zumos detox de varios días que costaba varios cientos de libras por tanda.

En todas partes se usaban ristras de términos similares para justificar la venta de alimentos orgánicos y de libros que preconizaban la cocina casera. Poco después de esta experiencia en las oficinas centrales de los zumos detox, terminé en la Costa Oeste de Estados Unidos, donde los dos extremos de una industria alimentaria camuflada de nuevo sistema moral estaban en su máximo esplendor. En un momento de desesperación antes de hacerle una entrevista a un escritor, me metí en un local de Whole Foods, donde una ensalada que me «diseñé» yo misma en la «barra», con un cartel que prometía ofrecerme comida casera, me costó diecisiete dólares. A raíz de esa experiencia, descubrí el mundo online de los trucos para ir a Whole Foods, donde los consumidores comparten consejos con los que evitar las ensaladas «tontas» (caras) —en contraposición a las ensaladas «inteligentes» (baratas)—, que vendrían a recomendar, en esencia, no pasarse con el peso de los ingredientes («No cojas huevo duro», «Córtate con las alubias», «Ojo con los marinados», apunta un artículo de *Huffington Post*).[1] No vale la pena obcecarse lo más mínimo en Whole Foods, y difícilmente voy a poder compartir aquí gran cosa que no se haya dicho ya mil veces sobre la cadena de alimentación propiedad de Amazon. Lo único interesante, tal vez, es pararse a considerar el nombre en sí [«alimentos enteros», literalmente] y la idea implícita de que todo cuanto quede fuera de sus sagrados muros constituye una oferta de comida incompleta. Cabe decir que esa expresión, la de *whole foods*, se usa también más allá de la cadena para referirse a cualquier alimento que no contenga ingredientes artificiales, o que no se haya cultivado ni procesado en condiciones industriales a gran escala. «Comida orgánica», sin embargo, es un término menos cargado de implicaciones; un término, al menos, que no insinúa deficiencias en los productos que miles de millones de personas se ven obligadas a consumir por escasez y privación.

Como contrapunto, y como lo que podría servir de fábula perfecta sobre las distintas definiciones entre una visión anticuada y agotada del lujo —algo divertido, excesivo y cómodo— y otra, elitista y minoritaria, del ascetismo y la restricción, un día después del incidente en Whole Foods hice una escapada de dos días a Las Vegas, llevada más por la curiosidad que por un deseo de exponer mi sistema nervioso a sus ruidos y sus luces implacablemente brillantes. En el restaurante del hotel New York, New York, famoso por su fachada, que reproduce el *skyline* neoyorkino (incluyendo reproducciones de la estatua de la Libertad, el edificio Chrysler y el Empire State, por no mencionar una montaña rusa de tamaño real), pedí unos huevos *benedict*. Llegaron en un estado que sería ya cuestionable en la mente de un purista, con dos gruesas lonchas de jamón en lugar de beicon. Pero lo que resultaba en verdad cegador, lo que cortaba el aliento, era la adición, acurrucada entre las dos mitades del habitual bollito inglés, de una madalena de chocolate estadounidense, industrial y con el papel puesto, en mitad de un charco de espesa lava dorada de salsa holandesa.

Nada más lejos del mundo espartano que cultivaba la empresa de zumos de la que acababa de escapar. Aquel perverso viaje culinario en el que me había embarcado sin darme cuenta puso sobre la mesa varias cuestiones sobre el papel que desempeñaba la comida en nuestras vidas, y sobre la capacidad que tenía esta de despertar censuras e injurias morales más duras, tal vez, que cualquier otra faceta de la vida moderna.

EL SÍMBOLO DEL ESPAGUETI

Lo vemos una y otra vez en la programación televisiva dedicada al tema de la salud y la alimentación. Pero, para tratar de transmitir la sutileza con la que se presentan muchas veces los prejuicios en la cultura gastronómica, tomaremos un ejemplo de una película que explora el despertar sexual, la identidad queer y el primer amor. *La vida de Adèle* (2013), dirigida por Abdellatif Kechiche, es también un filme sobre la clase, y sobre el peso que tienen la desigualdad económica y la diferencia de oportunidades en las interacciones más cotidianas entre dos personas con una relación íntima y estrecha. La comida se identifica como un punto clave de tensión, y Kechiche recurre a su preparación y consumo para crear algunas de las escenas más memorables de la película.

La vida de Adèle se centra en la relación entre dos mujeres: Adèle y Emma, interpretadas respectivamente por Adèle Exarchopoulos y Léa Seydoux. Adèle es al mismo tiempo más joven y menos privilegiada que Emma, algo que resulta crucial en su historia y que moldea su relación de una forma que ambos personajes parecen incapaces de controlar. Después de cruzarse por la calle, y de encontrarse más tarde en un bar queer por casualidad, surge entre ellas un amor fortuito que ha de lidiar constantemente con las fuerzas, mucho más materialistas, que lo rodean; entre ellas, cuestiones de trabajo, de identidad y de ambición profesional. Como puede dar fe cualquiera que se haya enamorado en circunstancias similares, en este mundo de tensiones económicas crecientes, en el que se asigna a las personas un valor de mercado, las diferencias de realidad socioeconómica pueden terminar siendo insalvables. Sin una compatibilidad de aspiraciones y cuentas bancarias, un idilio fortuito basado solo en los sentimientos, y con la complicación añadida de la homofobia, tiene pocas posibilidades de supervivencia. Este es el dilema central que ambos personajes irán aceptando a lo largo de la película.

Casi todos los puntos de inflexión que van salpicando las diversas fases de la relación son escenas cruciales que discurren en torno a la mesa, y en las que participan una de las mujeres o las dos. Tienen lugar antes, durante y al terminar su relación como pareja, y en prácticamente cada ocasión se sirve pasta o, para ser más precisos, espaguetis, por lo general acompañados de una espesa salsa de tomate, y es tan satisfactorio contemplarlos e imaginarse uno mismo comiéndolos que la reacción emocional que activan una y otra vez es de lo más exagerada e intensa. La pasta es un plato tan común y corriente que trae, para cada uno de nosotros, una plétora de recuerdos y sentimientos a los que Kechiche recurre. Es esto, así como las distintas lecturas socioeconómicas que pueden aplicársele a un plato de pasta —y no la interpretación, mucho más extendida, de su uso en el filme como una metáfora del apetito sexual e incluso del *cunnilingus*— lo que a mí me interesa.[2] Esta visión, rudimentaria, reduccionista y cargada de burdos estereotipos sobre la sexualidad y el deseo femeninos, pasa por alto un simbolismo mucho más sutil, su glosa sobre las diferencias de clase y las implicaciones para nuestra concepción del gusto y el poder. En este sentido, creo que difiere radicalmente de otro ejemplo famoso de comida en la pantalla, de una película, además, que genera comparaciones con el filme de Kechiche.

En *Call Me By Your Name* (2017), dirigida por Luca Guadagnino, otra película sobre el despertar sexual, la identidad queer y el primer amor, Elio y Oliver, interpretados por Timothée Chalamet y Armie Hammer respectivamente, forcejean para hacerse con un melocotón, que Oliver acaba consiguiendo y negándole a Elio, en lo que puede verse como una síntesis de su relación, que también lucha por hacer frente a la presión de las circunstancias. El melocotón simboliza además *lo prohibido*: un objeto de deseo que atormenta al joven Elio, pero que está en posesión de Oliver, aludiendo así al control determinante de este. La diferencia entre el melocotón y los espaguetis de Kechiche, sin embargo, es que el primero se identifica de inmediato como un símbolo de la carne, y transmite un erotismo tan explícito que convierte la escena en un manido cliché. Adèle comiendo espaguetis, en contraposición, nos repugna tanto como nos excita. Enrollar la pasta en el tenedor es una habilidad que no acostumbra a adquirirse hasta el final de la adolescencia: un rito de paso, en cierto modo, que uno debe superar para entrar en el mundo de las interacciones adultas, incluidas las citas, las cenas y demás eventos sociales. Pero es también un acto que acostumbra a dejarnos manchados por el rastro de su paso, rojas salpicaduras de salsa que amenazan con arruinar la tábula rasa de una camisa o un mantel. Los espaguetis, dependiendo del contexto y de la perspectiva, tanto pueden considerarse un emblema de refinamiento o de descontrol. Tanto se sirven en restaurantes de categoría como en cenas informales e improvisadas después de clase. Es un símbolo inestable al que atribuimos significados distintos en función de la situación y de las circunstancias.

Lo mismo podría decirse, claro está, del personaje de Adèle, que se muestra sofisticada, desafiante y sexual fuera del hogar familiar, y vulnerable, apocada y aniñada dentro de él. Esto resume de un modo bastante acertado la vivencia del paso de niña a mujer, opino: un momento en el que muchas debemos alejarnos del hogar y de las expectativas patriarcales de inocencia y virtud virginal de este, y al mismo tiempo poner a prueba los límites de seguridad en un mundo que tiende a la cosificación y a la explotación. Como evidencia el personaje de Adèle, este proceso de ruptura y madurez es un ensayo de prueba y error, de intrépidas arremetidas hacia lo desconocido y de retiradas asustadizas de vuelta al redil familiar: una experiencia que se completa paso a paso y tras muchos intentos fallidos.

Los debates en torno a la edad y a la relativa inexperiencia de Adèle y, por extensión, a las de la actriz Adèle Exarchopoulos, nos llevan naturalmente a abordar la polémica que rodeó la película, y en particular la acusación de su mirada pornográfica masculina. Tiendo a coincidir con Manohla Dargis de *The New York Times* en que tiene cierta base, por no mencionar la insistencia excesiva en la dualidad entre inocencia y sexualidad y la forma en que viene a reforzar esto los estereotipos de la fantasía masculina: la idea de que una Adèle ingenua e inocente se ve expuesta a un mundo de sensualidad y placer de la mano de una pareja sexualmente experimentada.[3] No tiene nada de malo rodar escenas de sexo, y Exarchopoulos dio su pleno consentimiento, pero la forma en que las manejó el director, un hombre, desentona con el resto de la película y con una historia que está, por lo demás, cargada de promesa y expectativa: algo que se consigue gracias al ritmo extraordinariamente lento del filme y a una atención desesperante a los detalles. En lugar de mantener esta atmósfera, las escenas sexuales dan la impresión de dejarla en espera para pasar a promover un espectáculo insulso. Las conversaciones forzadas y los momentos de aburrimiento, pero también de risas y entusiasmo, no tienen cabida en estas escenas, que se centran, por el contrario, en excitar al espectador. Las mujeres se ven reducidas a su vez al papel de ejecutantes, en un sentido que no tiene nada que ver con lo interpretativo, y su historia queda suspendida en favor de nuestro placer voyerístico. Aun así, coincido también con el jurado del Festival de Cannes 2013 (con Ang Lee, Steven Spielberg y Nicole Kidman, entre otros), que le concedió la Palma de Oro a la película afirmando que esta es, por lo demás, un retrato empático y sagaz del vínculo romántico, un logro que es, de un modo abrumador, mérito de las dos interpretaciones centrales.

Gracias a ese ritmo lento y a esa atención a los detalles, sin embargo, las actuaciones tanto de Exarchopoulos como de Seydoux, al margen de las mencionadas escenas de sexo, pueden permitirse el lujo de ser delicadas y naturalistas. Con una precisión que puede resultar sorprendente para quienes hayan vivido algo parecido, la Adèle de Exarchopoulos transmite las vulnerabilidades de la juventud y de la inexperiencia, pero también la sensación de no estar a la altura entre personas de un estatus social más alto. Al principio de la película, es una estudiante, ajena a ciertas cualidades refinadas, que viste con ropa grande y holgada y lleva el pelo recogido en una coleta floja. Es un retrato obvio, pero puede que no inexacto, de una adolescente de colegio público. En casa, y en la primera escena con espaguetis de la película, cena con sus padres en torno a la mesa, pero delante del televisor. Aquí, el plato se presenta en una fuente enorme para que los tres miembros de la familia se sirvan de ella. Los elogios son efusivos y generales, pues tanto Adèle como su padre le agradecen a su madre la comida que ha preparado. La chica se termina rápidamente su ración y pide repetir, con churretones de salsa en los labios y en las mejillas y lamiendo de cuando en cuando el cuchillo para asegurarse de que no quede ni una miga. Más que una alusión al voraz apetito sexual de Adèle, lo es, probablemente, a una idea de inocente abundancia; a la imagen personal y a la capacidad de disfrutar sin reparos de la comida antes de pasar a considerarse a sí misma un objeto sexual y una participante del capitalismo.

Esta primera escena nos trae el retrato de una madre atareada y de una hija que identifica la comida con una sensación de placer, por encima de formalidades y rituales. Las interacciones familiares están dominadas por lo práctico, con conversaciones centradas únicamente en la cuestión de la comida y la mayor parte de la atención de cada uno volcada en la televisión, como si el impulso principal fuera el de verse eximido de la responsabilidad de hablar. Hay muchas expectativas conservadoras depositadas en el contexto de la cena familiar y en esta como espacio de «conexión» y conversación, pero, cuando «poner buena cara» es semejante carga en tantos trabajos mal pagados, sobre todo en el sector servicios y en la hostelería, por ejemplo, y en la realidad económica actual, esa expectativa puede llegar a resultar tiránica; cruel, incluso. (Esa obligación de ser jovial y hablador en el trabajo, por cierto, fue la definición original de «trabajo emocional», acuñada por la socióloga Arlie Russell Hochschild; una expresión que, desde entonces, se ha ido reformulando para englobar cualquier acto de amabilidad o generosidad hacia otra persona).[4]

Hay belleza en la escena, y proviene de la evidente falta de censura entre los miembros de la familia. Esa comodidad con la que disfrutan de la comida, sin necesidad de hablar ni inmutarse siquiera ante el ruido de los otros al masticar —¡y hasta de un eructo de Adèle!—, puede que para muchos no sea fácil de encontrar en los años siguientes a dejar el nido. Decir que no existe comunicación sería falso y despectivo, pues en lugar de una interacción verbal lo que tenemos es un lenguaje de señales y gestos silenciosos que son igualmente reconfortantes e indicativos de amor: miradas que transmiten aprecio, platos que se tienden al otro pidiendo repetir. La familiaridad relajada de la escena muestra también reverencia hacia la comida en sí, y al placer del sustento. A la inversa, en contextos con una insistencia dogmática en la presencia de conversación y formalidad, vemos como la comida, y ese disfrute, quedan ambos relegados. La alusión a la clase aquí es sutil pero importante, y pone de relieve tácitamente el encanto de una forma de comer ridiculizada y culpada con frecuencia de un sinfín de males sociales.

Unas cuantas escenas después, la familia está de nuevo reunida para compartir unos espaguetis, solo que esta vez se les une la amante de Adèle, Emma, interpretada por Seydoux. En ese punto, los padres de Adèle siguen convencidos de que Emma es la mentora y profesora particular de su hija, lo que va generando una tensión y una ironía teatrales a medida que se suceden los malentendidos. Cualquier análisis de esta escena, no obstante, ha de tener en cuenta los modos concretísimos en que se despliegan las dinámicas de clase en la cultura francesa, donde las comidas comunales en torno a fuentes con sustanciosos platos para compartir se siguen asociando con la vida de clase trabajadora y media-baja (mientras que en Reino Unido y en otras culturas más en deuda con la gastronomía americana, centrada en la facilidad y en la comodidad prefabricada, esto ha dejado de ser un rasgo característico de la vida de clase trabajadora). De acuerdo con la lógica de la película, y basándome también en mi experiencia personal, en la cultura francesa parece existir aún una demarcación tradicional entre el refinamiento de clase media y las comidas comunales de la clase trabajadora: dado que los alimentos son más baratos y accesibles gracias a una dependencia menor de las importaciones, por no mencionar la protección de los derechos y las jornadas laborales, que siguen siendo algo mejores que en Reino Unido, la clase trabajadora tiene allí más a su alcance preparar una abundante comida casera. Es crucial también tener presente que Adèle no es ni muchísimo menos pobre; una dimensión de la película que le otorga una fascinación única, pues subraya la importancia que se deposita aun así en las minimísimas diferencias que existen entre los gustos, costumbres y sensibilidades culturales de personas con un estatus social y económico solo muy ligeramente distinto: *ese narcisismo de las pequeñas diferencias* que describíamos antes, y su papel en la creación de tanta vergüenza, humillación y crisis de identidad. Que la madre de Adèle haya optado por espaguetis, sin embargo, nos permite deducir fácilmente que pretende retratarse a la familia como de clase media-baja y, por descontado, en desventaja social frente a su nueva comensal, que se comporta de un modo más discreto y contenido que Adèle, siempre con la boca cerrada y sin lamer en ningún momento el cuchillo ni dejar que se le acumule la comida en las comisuras, sorbiendo como mucho un espagueti a la vez. Si acaso pensábamos que esas reticencias no eran más que una muestra de cortesía y de incomodidad por ser una invitada —indicativa, tal vez, de la incertidumbre, pues no sabe si los padres de Adèle están al tanto de la relación romántica que mantiene con su hija—, la idea queda desterrada instantes después cuando Emma dice, puede que con algo de pasivo-agresividad, *bon appétit*, una vez que los miembros de la familia ya han empezado a comer. Tanto si otros espectadores comparten esta interpretación mía como si no, lo que no es tan discutible es que la confianza de Emma es capaz de transmitirles a sus anfitriones toda una serie de conductas y preferencias personales. Ella no come cuando le place, sino que ha de invitarla a ello el padre de Adèle, que lo hace con brusquedad. Puede que sea porque le ofenda la reticencia de Emma, pero también por una desconfianza general por los valores progresistas que encarna su pelo de un azul intenso (y que la madre de Adèle describe como «artístico», a lo que Emma responde tan solo con un leve «gracias»).

Emma se muestra claramente decepcionada cuando se hace evidente que Adèle todavía no le ha contado a sus padres lo de su relación, y cuando la madre de Adèle le da las gracias por ayudar a su hija con la filosofía, Emma se esfuerza por continuar con la conversación sin abrir la boca al masticar, cosa a la que Adèle no presta el más mínimo cuidado. Todos estos pequeños gestos componen un comentario al margen sobre los conflictos encontrados que surgen en el proceso de salir del armario con la propia familia, y sobre la farsa injusta que se ven obligadas a sostener tantas personas queer frente a los prejuicios de una sociedad cuyo interés, por otra parte, deben captar de maneras diversas con el fin de mantener relaciones pacíficas. Así pues, hay que admitir cierto grado de tristeza e incomodidad, aunque el comportamiento de Emma deja entrever también, paralelamente, un desdén hacia el estilo de vida de sus anfitriones.

Como artista, Emma supone una especie de anomalía para una familia con una pedestre preocupación por la prosperidad económica de su hija. Es una preocupación comprensible, aunque no sea universalmente compartida. A Emma la desconcierta semejante pragmatismo, y parece agraviada ante esa preocupación por sus decisiones vitales, a pesar de la amabilidad con que la expresan. Como instruyendo a ambas chicas, el padre de Adèle les recuerda que para un artista es difícil ganar dinero y mantenerse por sí mismo. «Está bien tener una profesión artística, es importante —dice—, pero a pesar de todo se necesita un buen trabajo. Uno que te permita vivir». Y, casi como si quisiera asegurarse de que Emma es heterosexual, le pregunta por su novio, a lo que ella responde que trabaja en bolsa y que puede por tanto mantenerla: algo que aplaca la inquietud de ambos progenitores, y hasta lleva a la madre de Adèle a soltar un gritito de exclamación.

Es una escena con la que muchos podrán identificarse, ya que sintetiza muchos aspectos relevantes en las diferencias generales de actitud hacia la sexualidad, pero también hacia el trabajo y el dinero. Muestra meridianamente cómo el acceso a la educación superior supuso también el acceso de la esfera doméstica de clase media a un abanico más amplio de opiniones e ideas. Los efectos apabullantemente positivos de ello deben tenerse en cuenta junto con las numerosas tensiones nuevas que este ha generado, que nunca quedarán documentadas por entero y que siguen siendo un eje de mi trabajo. En esta escena, somos testigos de las implicaciones del capital cultural: el de Emma, estudiante de Bellas Artes, crispada frente a los temores prejuiciosos y materialistas de sus anfitriones pequeñoburgueses, cuya preocupación por el dinero se interpreta como una falta de imaginación y una restricción de las posibilidades. El capital cultural elevado, fruto de un título universitario y de la exposición a ciertas ideas y corrientes culturales, genera la noción de que uno tiene posibilidad de recurrir a su ingenio o a su creatividad en la economía de mercado, algo que a las generaciones mayores puede resultarles demasiado inconsistente e incierto. Aun así, Emma es una invitada, y su mofa, si bien sutilísima, y testimonio de la virtuosa interpretación de Seydoux, es detectable. Aunque las creencias de los padres de Adèle estén desfasadas y sean en muchos aspectos hostiles a la libre expresión, y a la homosexualidad en particular, y aunque su tono de tranquila superioridad y autoridad irrite sin duda a su invitada, son curiosos, afectuosos y muestran un interés genuino. En lugar de abordar el asunto sin rodeos, cosa imposible, Emma deja sentir su censura e incomodidad con un comentario desdeñoso dirigido a algo sin relación alguna: la comida.

«La pasta está deliciosa —dice—. Muy sencilla, pero... muy buena».

El lado oscuro de «simple», «sencillo», requiere pues de un calificativo para transformarse en un cumplido. «Simple», que es el término que se usa en francés, carga con un amplio rango de significados, incluido el de poco refinado, burdo, por no mencionar el de directamente tonto. Sean cuales sean los prejuicios que siente Emma hacia la familia de Adèle, son anteriores a esta conversación sobre arte y sexualidad. Aunque empatizamos con Emma, obligada a capear una situación que, más que abiertamente homofóbica sería más apropiado definir como «ambientalmente patriarcal», eso no justifica su desdén hacia las expresiones de su clase social. Y, aun así, salta a la vista en el mensaje que manda, y en el engreimiento con el que se mofa ligeramente de la familia después (soltando la mentira inverosímil de que está casada con un corredor de bolsa), que se siente legitimada en su desaprobación.

Por todos estos motivos, a pesar de sus tensiones y congojas continúa siendo una de mis escenas de cine favoritas, una que captura la fricción que ha definido a las décadas recientes en términos de transformaciones socioeconómicas y resultados electorales, sobre todo por lo ciegas que son ambas partes a sus propios prejuicios: la incapacidad de los padres de ir más allá de esa férrea visión del mundo en la que las mujeres hacen bien en casarse con hombres económicamente solventes y emprender carreras lucrativas, y la legitimación resultante que siente Emma con respecto a sus propios prejuicios de clase y modales. Asimismo, subraya el hecho de que la comida, con un papel tan fundamental en nuestras vidas y, por consiguiente, una carga emocional tan grande, conforma a menudo el espacio más tenso y complejo de interacción entre generaciones y clases. Tras un vocabulario en torno a la salud, la conexión de calidad y los efectos supuestamente terapéuticos de la cocina, se oculta un poco de ira, confusión, anhelo y orgullo.

En una escena posterior, Adèle prepara ese mismo plato para una fiesta de celebración por la graduación de Emma, en un evento que sirve además para que Emma haga contactos con otros licenciados y con gente de la escena artística local. Para entonces, Adèle ha encontrado ya trabajo como maestra, pero la noche en cuestión está fuera de lugar, como subraya el hecho de que aparezca sola al inicio de la escena, preparando unos *dumplings* y unos espaguetis en una cocina en la que no recibe ninguna ayuda. Sin objeción alguna por parte de los demás anfitriones e invitados, Adèle se hace cargo del menú, un papel en el que parece sentirse a gusto y distraerse del resto de la gente, que le muestra por lo demás poco interés.

En un discurso que dedica más tarde a sus colegas, Emma reconoce a Adèle como su musa. La descripción turba a Adèle, como nos turbaría a muchos, y vemos en la expresión resultante ese mismo trastocamiento que había caído sobre sus rasgos unas escenas antes, sentada a la mesa de la casa de sus padres. «Y también es ella quien ha preparado todos los platos», añade Emma, y los vítores que desata este cumplido alivian en buena medida la incomodidad del anterior, empujando a Adèle a sonreír y, puede que por un instante, hasta a deleitarse en sus halagos. Los invitados siguen hablando entre ellos, y nadie, salvo una persona, se para a pensar si queda suficiente comida para que Adèle se sirva ella misma. Los invitados son demandantes, le piden más salsa, parmesano, y prestan luego poca consideración al esfuerzo que hay detrás, mientras que paralelamente van imponiéndose los debates, más importantes, sobre el mundo del arte. Es la implicación de Emma en ese mundo lo que contribuye a la muerte de la relación, un hecho que queda resumido impecablemente en la escena final de la película, en la que Adèle asiste a la inauguración, en una galería, de una exposición de obras de Emma años después. Adèle se pasa la mayor parte del tiempo deambulando sola, mientras el resto de los invitados comenta el panorama. El acto va acompañado de delicados canapés servidos en bandejas enormes de las que los asistentes son invitados a servirse, alzando suavemente cada bocado entre el índice y el pulgar y masticando entre frase y frase. Si hasta ese momento el simbolismo de la comida había sido ambiguo, ahí el marcado contraste entre los espaguetis y los canapés hace evidente la alusión a la clase, y también de qué lado caen en último término las simpatías del filme.

Adèle comprende que necesitará moderación para integrarse, y viendo el poco respeto que se le mostró en aquel discurso y el que le se le muestra en la inauguración, desarrolla por fin la autoestima y la determinación suficientes como para marcharse, para alejarse sola por la calle hacia lo que esperamos que sea un futuro con más empatía, interés y orgullo por las decisiones vitales que ha tomado. Sentimientos todos ellos que no impiden reconocer todo el bien que le ha hecho la experiencia formativa que han supuesto los años con Emma, y, sin volcar ningún menosprecio en esta, que luchó por un amor censurado por la sociedad.

Reflexionar en torno a esta película trae siempre recuerdos incómodos de rollos fugaces y cuelgues pasajeros a los que dejé entrar en casa de mis padres y, como parte de lo que consideraba una transición obligatoria para convertirme en una persona de gusto respetable y estatus social elevado, permití emitir toda clase de juicios y soltar comentarios condescendientes. Y no solo eso, sino que había momentos en los que ni siquiera hacía falta esa voz externa ni ningún intruso, sino que era yo misma la que desdeñaba costumbres y preferencias que en su día había disfrutado y compartido sin titubear e imponía mis nuevos gustos como si fueran inapelables. Pero, mientras que aquellos invitados y la adolescente precoz que era yo nos habríamos guardado de emitir juicios sobre opciones de interiorismo o decisiones personales en relación con la moda o la belleza —creyendo, acertadamente, que sería de mala educación—, la comida siempre pareció un blanco legítimo. Y lo que a menudo no era más que inseguridad, una vergüenza interiorizada por mi propio estatus y complejos físicos, se formulaba como una verdad incontestable y una preocupación por mi bienestar y el de los demás.

PURITANISMO GASTRONÓMICO

Cuando pensamos en la comida y en el gusto, puede ser difícil, si no imposible, separar la preocupación por la salud del contexto cultural en el que se desarrollan los debates acerca de ella. Un producto que se ha convertido casi en un emblema del conflicto intergeneracional es el café. Los mayores tienden a tolerar la presentación en polvo, mientras que los más jóvenes lo prefieren molido: ambos tipos suelen denominarse respectivamente «café instantáneo» y «café de verdad». El café instantáneo, por aclarar, se obtiene deshidratando café ya infusionado por medio de un proceso conocido como liofilización o secado por pulverización, de tal modo que puede rehidratarse añadiéndole agua, un método mucho más adaptable a horarios apretados y situaciones en las que la preparación de bebidas cafeinadas ha de llevarse a cabo con premura. No existe ningún consenso sobre si un tipo de café u otro es mejor para la salud, solo se sabe que el primero acostumbra a contener mucha menos cafeína. Como apunte, aunque vale la pena mencionarlo, la principal queja sobre el café instantáneo tiene que ver con el gusto, algo que podría parecer mucho menos subjetivo que el resto de las cuestiones en torno al criterio estético que hemos tratado en este libro, pero que, en realidad, viene a ser lo mismo. Lo que me interesa a mí, sin embargo, son las definiciones. El proceso por el que se elabora el café instantáneo implica solo uno o dos pasos adicionales en un proceso que incluye recolectarlo, secarlo, transportarlo miles de kilómetros, tostarlo y molerlo. Por pedante que sea señalarlo, la invocación de autenticidad parece depender más bien de cierta fe en anticuados métodos de preparación: de la creencia de que la infusión es de algún modo más auténtica que la rehidratación. Hay aquí ecos a ese enfoque más natural de la belleza, con su insistencia en rutinas de *skincare* en doce pasos en lugar de arreglos superficiales por medio del maquillaje; pero también a los estilos de moda artesanales y a los métodos tradicionales de mantenimiento del hogar que se han ido popularizando frente a soluciones más rápidas y mecanizadas. A menudo, el puritanismo en relación con determinados alimentos aparentemente vinculado al valor nutricional no se preocupa por esa clase de cosas.

La naturalidad con la que ciertos productos se proclaman superiores a otros tiende a pasar por alto la rapidez como medida de valor. Aunque sabemos que la población trabajadora dispone de poco tiempo y de una capacidad limitada para entregarse a procesos larguísimos de lo que se conoce como «autocuidado», y que esto no hace más que empeorar a medida que descendemos por la escala salarial, donde muchos trabajos son cuestión de supervivencia, esto pocas veces se traduce en una comprensión de lo que podría haber detrás de las diferencias en el comportamiento de los consumidores. Ni tampoco parecemos preparados para reconocer que las cosas que valoramos por una preferencia artesanal, por un motivo en teoría humilde, van ligadas a la práctica a la sugerencia tácita de una abundancia de tiempo y, por consiguiente, de riqueza. Esto termina enmarañado en un lenguaje dañino de juicios y absolutos morales. Cuando los editoriales de las revistas y los usuarios de redes sociales recalcan lo asequibles que son determinados alimentos supuestamente más sanos que otros, en un intento, se diría, de animar a la gente trabajadora a comer bien, ignoran de manera deliberada la forma en que opera la riqueza en la sociedad actual. Para muchos, la limitación no está en conseguir café molido fresco y orgánico, o los productos con los que preparar una comida casera, sino en el tiempo libre, la energía y la autoestima con los que embarcarse en sus métodos de elaboración.

Es más, para desafiar verdaderamente a los prejuicios de clase en la cultura gastronómica haría falta separar el valor nutricional de la moralidad. ¿Y si la aspiración máxima, en términos de salud, fuese eliminar toda forma de estrés? ¿Cómo podrían calcularse los beneficios para la salud de optimizar y abreviar la preparación de alimentos, la reducción del estrés derivada de ello, y compararla con los efectos de cualquier aditivo sintético que puedan contener? Pero, incluso más allá de esto, ¿quién dice que la salud sea el objetivo supremo? Asuntos que deberían pertenecer al ámbito de cada persona y de su médico terminan inquietantemente convertidos en objeto de consejos no solicitados por parte de blogueros, influencers y marcas dietéticas. ¿Y si la máxima aspiración, en lo que respecta a la comida, no fuese alargar nuestra vida y ayudarnos a lograr un estado físico óptimo, sino proporcionarnos tanto disfrute como sea posible los pocos años que estamos vivos? ¿Por qué la serotonina que liberamos al beber un batido de fresa azucarado no se tiene en cuenta a la hora de valorar la salud y el bienestar, y quién sabe, en realidad, si seguirían siendo mayores los efectos positivos de las vitaminas que aporta la alternativa de un *smoothie* orgánico? ¿Y si los valores asociados a la comida existieran al margen de un férreo sistema de creencias y formasen parte de una experiencia que tal vez nunca nos hayamos parado a considerar?

Con frecuencia, lo que es, en el fondo, una cuestión de estética y un puritanismo asentado en valores conservadores cristianos se hace pasar por una supuesta preocupación por el bienestar, y la preferencia por productos naturales y comida casera se presenta como un deber moral para con el propio cuerpo, la familia y el Servicio Nacional de Salud, que no hay que someter a tensiones indebidas por culpa de un estilo de vida descuidado. Pero esta preocupación pocas veces se extiende a otros problemas de salud igualmente dañinos que resultan de una mala nutrición, por ejemplo, por no mencionar la letanía de «vicios» aprobados por los sectores acomodados, que son los que dictan los hábitos de consumo del resto las más de las veces: cosas como beber vino, volar regularmente, trasnochar, y también el consumo habitual de cocaína y el uso recreativo de Ritalin. Estas cuestiones de salud no suelen despertar ningún interés, bien porque no saltan a la vista físicamente, bien porque sí lo hacen, pero con una apariencia que no desafía la mirada temerosa y puritana de una sociedad cada vez más obsesionada con la moderación y la humildad.

En un sinfín de artículos, con una motivación que va de lo condescendiente, aunque bienintencionado, a lo directamente despectivo —explicando cómo debería alimentar a su familia una madre de clase trabajadora (siempre una madre), con listas de la compra compuestas de alimentos orgánicos de la sección de verduras—, hay una negación evidente de la necesidad de placer, satisfacción, disfrute y diversión. Una cultura gastronómica que insiste continuamente en las ventajas de postergar la gratificación olvida que la desigualdad sistémica se traduce para mucha gente en una gratificación siempre postergada y nunca obtenida: que, para la inmensa mayoría, la resistencia jamás se ve compensada por periodos de indulgencia total, y que los apáticos métodos de preparación de alimentos de la semana no viene a mitigarlos ninguna visita a un restaurante caro el viernes por la noche, ni tampoco varias vacaciones suntuosas al año, sino que por lo general está obligada, en las circunstancias económicas actuales, a agarrar al vuelo sus momentos de placer, y del modo más barato posible.

En los últimos años ha surgido una tendencia en redes sociales en la que los usuarios comparten, con engreimiento, el presupuesto de sus platos asequibles para desautorizar las quejas en las que se escudan personas más pobres en todas partes: tuits del estilo «Le he preparado a mi hijo una tortilla de queso por 25 peniques», o «En mis tiempos comíamos sándwiches de azúcar y estábamos encantados», o «Una libra de hígado cuesta menos que una hamburguesa de McDonald's, explícame por qué no puedes alimentarte de eso».

Lo que no tienen en cuenta estas afirmaciones simplonas —lo que pretenden negar y censurar, de hecho— es la necesidad humana, y el derecho, al placer, y la forma en que el umbral a partir del cual se obtiene este se adecúa al PIB y es siempre, por definición, relativo. Del mismo modo que un niño de los años treinta se habría sentido avergonzado si lo hubiesen sometido a una dieta de gachas victorianas, uno obligado a cenar tortillas de queso e hígado todas las noches, mientras sus amigos disfrutan de los placeres de un espléndido menú, sufriría en la misma medida. Y, aun así, mucha gente de clase media, guiada por la falsa noción de su virtud moral, entra en internet día tras día para retransmitir esta actitud nefasta.

Detectamos en esta tendencia un eco a algo que mencionaba también Bourdieu en relación con la revista francesa de estilo de vida *Connaissance de la Campagne*: la preferencia por recetas herencia de familia y comida casera «de verdad» entre personas para las que la palabra «tradición» no se ha convertido en tabú. «Sacar un tarro de "pepinillos caseros", preparados con la "receta de la abuela", junto con tal discurso de acompañamiento —escribe Bourdieu—, es exhibir, como ocurre con el "cuadrito de un maestro francés del XVIII" que se ha sabido descubrir en un anticuario o el "delicioso mueble" que se ha encontrado en un chamarilero, el tiempo que se ha consumido en ello y una competencia que solo puede adquirirse mediante una larga frecuentación de las viejas personas y de las viejas cosas cultivadas, es decir, mediante la pertenencia a un grupo antiguo, único garante de la posesión de todas las propiedades que están dotadas del más alto valor distintivo, porque no se acumulan más que a lo largo del tiempo».

LOS SANTOS PATRONES DEL SUSTENTO

Ojalá alguien le hubiese enseñado esta cita al chef británico Jamie Oliver. Después de hacerse un nombre con *The Naked Chef*

(1999-2001), un programa de cocina en horario de máxima audiencia en el que se encargaba de improvisar un delicioso «papeo» vestido con un cortavientos y enfrentándose a situaciones que aquejaban al hombre moderno, se suponía —cocinar para su novia después de una noche de fiesta, o satisfacer a su banda de música indie, Scarlet Division—, a mediados de los dosmiles, Oliver llevó sus ambiciones más allá y se embarcó en una campaña con la que implantar hábitos de alimentación saludables en los hogares británicos. Esta tentativa trajo consigo la creación del *Jamie's Ministry of Food* en 2008, que incluía un programa de televisión, un libro de recetas y un curso de cocina, y tomaba su nombre de la institución que se había encargado de gestionar el racionamiento británico en tiempos de guerra. El programa se grabó en Rotherham, en una de las regiones más pobres del país, y los productores, y Oliver, si bien no intencionadamente, colmaron de menosprecio a una comunidad ya vilipendiada.

«A medida que más y más familias consumen más y más comida basura —afirma la voz en off del narrador en el primer episodio, mientras en la pantalla un niño pequeño mastica un objeto inidentificable y unas personas abren un envase de porexpan con comida para llevar—, Reino Unido se aboca a una catástrofe sanitaria». Las imágenes pasan a mostrarnos entonces a Jamie, conduciendo por la autopista, mientras la voz explica que se ha lanzado a la misión de solucionar el problema «enseñándole a cocinar a una ciudad británica entera».

Las intenciones son buenas, y, en comparación con el veneno que había lanzado la prensa amarillista contra las dietas de la gente con bajos ingresos, el enfoque de Oliver es generoso, incluso empático (en este primer episodio, Oliver va a visitar a una mujer a la que los medios han bautizado como «la madre del *fast food*» y le ofrece una plataforma desde la que expresarse). El objetivo de transformar la cultura gastronómica y de mejorar los estándares de salud para todo el mundo tiene su mérito. La insensibilidad radicaba más bien en obviar las condiciones económicas que habían llevado a la popularización de la denominada «comida rápida», y en particular la escasez de tiempo entre la gente que tiene que sacar adelante a su familia en condiciones difíciles, combinar varios empleos o ambas cosas.

Oliver no fue ni mucho menos el creador de esta tendencia televisiva de la década del 2000 y el 2010, en la que se ridiculizaba y humillaba a personas de clase trabajadora por su conducta y sus decisiones vitales, y, desde luego, tampoco el más culpable. No parecía uno de esos presentadores que adoptan un personaje morboso para impulsar los datos de audiencia, a la manera popularizada originalmente por Simon Cowell, jurado en concursos de talentos. Oliver, a diferencia de esos personajes excesivos y absurdos, se presentaba como un hombre del pueblo, y preconizaba un estilo de producción que era igual de condenatorio, pero mucho más educado. Oliver no sermoneaba a sus sujetos, sino que los engatusaba con delicadeza. Parecía sinceramente interesado en mejorar la calidad de vida de la gente y permitirles adoptar una conducta más sana. Solo que, como ha señalado el crítico y escritor Owen Hatherley, sus esfuerzos «se estrellaron con la reticencia de cualquier posible gobierno a enfrentarse a los supermercados y a la diversidad de fabricantes alimentarios que inyectan dinero en los dos principales partidos políticos».[5]

Oliver ha contado tiempo después que se sintió intimidado por parte de los jefazos de la industria alimentaria mientras hacía intentos por presionar al Gobierno y mejorar los estándares para el público británico.[6] Al topar con la resistencia de los legisladores, y con los intereses creados de quienes ostentaban el grueso del poder sobre el suministro de alimentos en el país, su tentativa dio la impresión, en detrimento propio, de perseguir en televisión nada más que a las madres solteras y a las cocineras de comedores escolares.

En consecuencia, el movimiento por una alimentación sana de Oliver quedó en cierta medida confinado al ámbito de la publicidad y de los medios: al reino del espectáculo. Su popularidad dio lugar a un nuevo estilo de programa y de libro de cocina, benévolo y bienintencionado, que hacía el mismo hincapié tanto en «ayudarnos» como en transmitir recetas deliciosas. El resultado fue que la responsabilidad de abordar los problemas de salud pública del país cayó como una losa sobre las espaldas del consumidor. La nutrición, la dieta y la salud quedaron falsamente reducidas a una cuestión de *buen gusto* frente a *mal gusto*. Los programas de Oliver encajaban entre otros estilos similares de programación televisiva en los que los presentadores, ricos, sermoneaban a los miembros del público sobre sus pésimas decisiones vitales y sus espantosos hogares. En toda la propaganda bienintencionada sobre el placer que podía reportar la elaboración de comida de verdad, se pasaba por alto que la creación culinaria es la última de las prioridades para la gente que vive en las desmoralizantes condiciones de muchas ciudades postindustriales. Y esos nobles esfuerzos por presentar menús que precisaran de pocos ingredientes olvidaban también tomar en consideración la carga mental que implicaba asegurarse el adquirir dichos ingredientes, y el esfuerzo añadido de hacer la compra a diario, o de planificar menús elaborados al comienzo de la semana laboral. En una época en que la mayoría de la gente ya no vuelve del trabajo o del colegio caminando por una calle comercial (apenas sí queda alguna), sino que se ve obligada a ir en coche hasta hipermercados enormes, en las afueras, la idea de comprar alegremente dentro de las posibilidades de cada cual también parecía cada vez más inverosímil. En consecuencia, la insistencia en lo «rápidas» y «fáciles» que podían llegar a ser estas recetas dejaba todavía más en evidencia a todo aquel cuyas circunstancias le impidieran confeccionarlas. Si había una crisis de salud en Reino Unido, no era por los gustos y costumbres de cada familia, pues, sino por unas condiciones de trabajo que negaban a la gente la agencia y la libertad de priorizar su salud. Era producto de una sociedad a la que habían dejado completamente en manos de la avaricia corporativa, y de la consiguiente devaluación de la vida humana. En semejante contexto, en el que se hacía tan poco por remediar los verdaderos motivos, el espectáculo reiterado de una persona tratando de lanzarnos a todos a una revolución de los alimentos frescos no solo resultaba simplón, sino que se podía acusar, con justicia, de superficial.

Igualmente flagrante era el recurso de la familia en las campañas de marketing paralelas. Los libros de Oliver con títulos como *Cocina sana en familia* (2016) y *Comer juntos. Recetas fáciles para disfrutar* (2021) —por no mencionar el sentimiento general y la evidente ambición de ampliar el repertorio de productos comercializables bajo la marca Jamie Oliver— desprendían puritanismo y condescendencia con respecto a la familia nuclear y a la creencia conservadora de la necesidad de cenar en familia en torno a la mesa. Sin intención de objetar a la idea en sí, ese hincapié en ella como parte de un modelo de respetabilidad viene cargado de ideas preconcebidas en torno a la clase y la riqueza, entre ellas la de que todo el mundo cuenta con los medios y el espacio necesarios para tener una mesa de tamaño familiar. Pero, más allá de esto, servía también para reforzar un estereotipo sutil, y sin embargo profundo, que parecía formar parte de una tendencia general hacia la nostalgia: el de que una persona sana era también la que se ajustaba más plenamente a las expectativas sociales del ideal conservador, con su acento en la fidelidad heterosexual, la crianza y la hospitalidad maternal.

Esto se trasladó a la producción de una serie de influencers cuyos consejos no tenían nada que ver con dietas y sí todo que ver con una especie de definición difusa de lo sano, deseable por motivos que conectaban de algún modo con neveras Smeg y cocinas AGA de tonos pastel. Se estaba estableciendo calladamente un vínculo entre la delgadez, la riqueza y ciertas expectativas tradicionales con respecto a la familia, las labores domésticas y el género. Los programas y los libros de cocina habían pasado de explicar procesos culinarios que, de otro modo, habrían quedado reservados a los especialistas formados en la materia a tratar mucho más de *lo que* comíamos y a instruirnos sobre nuestra dieta y nuestro modo de vida. El movimiento de la alimentación «limpia» se fue extendiendo a la idea de una vida limpia y una persona limpia, insinuando con ello la existencia de lo opuesto, a medida que la reivindicación de la salud y las virtudes morales empezaban a confluir.[7] Lo que se anunciaba de cara a la galería como una cultura de la dieta más cercana, menos censuradora que aquellos estilos agresivamente corporativos del pasado, transformó algo que al menos se restringía a un solo aspecto muy limitado de nuestros hábitos alimentarios en algo mucho más universal y profundo. Sus directrices parecían implicar que no bastaba con modificar un par de decisiones al día —cambiar un alimento por otro—, sino que era necesaria una transformación integral de nuestra propia existencia y nuestra perspectiva moral para alinearnos más estrechamente con los hábitos que exhibían estos influencers.

Todo ello se encuadra en una tendencia cultural más amplia hacia tótems de una austeridad ficticia y fetichizada, parecida a la que hemos visto ya en capítulos anteriores. Y aquí regresamos una vez más a ese plató ambientado en el siglo XIX que se levanta ahora en los núcleos burgueses a los márgenes de las principales ciudades, donde, entre bombillas de filamento y vidrio ahumado y paredes manchadas de hollín, vemos a artesanos, con su mono de trabajo, pregonando sus productos: panes y repostería, y exóticos comestibles de tierras lejanas. Es lo que Owen Hatherley ha bautizado como el «consumismo de la austeridad». En las guerras mundiales, la gente había sobrevivido racionando con orgullo por pura necesidad, y ahora a los consumidores de la década de 2010 les vendían una versión sintética de aquello. Puede que calara porque sirvió para mitigar la desesperanza y el desconsuelo provocados por las estrecheces económicas que se derivaron de algo tan patético y evitable como la avaricia de unos banqueros incompetentes y la incapacidad del Estado para intervenir adecuadamente, con lo que surgió de nuestra rabia un espíritu del Blitz.

La moda de esos colmados carísimos decorados a la manera de un puesto de calabazas en un mercado francés del xix, nacida por entonces, no da muchos signos de que vaya a desaparecer. Las tiendas que han abrazado esta nostalgia acostumbran a lucir toldos y cuencos de metal plateado, tarros de vidrio con cereales surtidos que despachan en bolsas de papel de estraza. Su aparición coincidió con las de varios festivales vinculados a la comida y dirigidos a un sector demográfico de cierta edad, al que llamaba la idea de revivir su juventud, pero que carecía de las ganas o de la condición física para trasnochar: eventos como el Big Feastival —terrible nombre—, que organiza en los terrenos de su granja el antiguo bajista de Blur Alex James, junto con Oliver. Nada, desde su marketing alegre hasta esos portavoces a los que se citaba continuamente hablando de «comida de calidad» y de sus deseos de que la gente «comiera mejor»; nada podría estar más alejado de la verdad que esos festivales que, muy a la manera del gusto por los artículos de diseño modernista en la moda y el interiorismo, tenían un precio desmesurado y buscaban vendernos más y más productos idealizadamente saludables.

Lo que tal vez podría despacharse como algo divertido genera las condiciones para un enfoque anodino y ahistórico desde el que abordar la crisis alimentaria del país, y convierte fracasos sistémicos en una cuestión de gustos y preferencias. Al mismo tiempo, el lenguaje de inclusividad que despliegan esta clase de eventos y su cultura en general solo sirve para estigmatizar todavía más a la gente de la clase trabajadora, pues presenta la falta de participación como una mala decisión vital. Si, como insisten, la comida saludable puede ser divertida, rápida de preparar y asequible, todo aquel que no busque replicar sus efectos para sí mismo cargará con la culpa de cualquier mal —ya sea físico, conductual o espiritual— que caiga sobre él y sobre sus hijos. Todo lo cual conspiraba con el mensaje que lanzaba a menudo el Gobierno central sobre la necesidad de asumir la responsabilidad individual de la obesidad: una condición que, por subrayarlo de nuevo, conlleva unas dolencias que pueden venir ocasionadas igual de fácilmente por, entre otras, la desnutrición, el tabaco, el exceso de alcohol y, desde luego, el estrés. Y este último no hace más que exacerbarlo esa camarilla de influencers engreídos que nos sonríen desde cada libro de cocina, desde la pantalla de cada móvil y de cada televisión, con sus juicios desinformados y su alegría desquiciada.

Bendito pan

Como símbolo de vida y de seguridad —algo tan fundamental para el bienestar que en algunas religiones es sinónimo de Dios mismo—, el pan puede ayudarnos a entender cuán preponderantes y triviales son muchas de estas preocupaciones del consumidor. Cuando el precio del pan pasó a ser prohibitivo para las clases trabajadoras parisinas de finales del XVIII, miles de personas, sobre todo mujeres, organizaron la marcha sobre Versalles, un hecho que se considera en general el detonante de la Revolución francesa.

Hoy en día, el pan es un negocio enorme y está extremadamente de moda, en particular ese pan de masa madre que ha pasado de ser patrimonio de obradores de élite a ocupar los estantes más caros de los supermercados generalistas. Aquí, apelar a la salud sí tiene algo de base: el pan de masa madre acostumbra a tener un índice glucémico más bajo que el pan elaborado a partir de levaduras sintéticas, lo que significa que el cuerpo procesa el contenido de azúcares de forma más gradual y es más difícil, por tanto, que se creen picos de azúcar en sangre. Pero la diferencia es escasa, y más allá de esto, dependiendo del tipo de harina empleada, tanto el pan de masa madre como otros panes más comerciales son prácticamente equivalentes en términos de valor nutricional. Y, aun así, como ha señalado el periodista Dan Hancox, el precio de una hogaza de pan en Londres puede ir desde apenas 36 peniques en un supermercado hasta nada menos que 5 libras en una panadería cercana.[8] Detrás de esto hay lo que los economistas conductuales denominan «utilidad marginal» —la noción secundaria de lujo y gratificación que acompaña a un objeto— y no tanto una «utilidad total» —esto es, la necesidad básica que tenemos de este y su papel en la vida diaria—. Se trata de una distorsión de los modelos de oferta y demanda que nos atrae hacia opciones de consumo basadas en deseos susceptibles de ser manipulados por los publicistas, las modas y la presión social.

Beneficios para la salud aparte, las preocupaciones estéticas están impulsando también este boom del pan de masa madre. Aunque forma parte de un giro más generalizado y nostálgico en los deseos del consumidor, representa además un salto de la maquinaria impersonal de la industria alimentaria moderna a las manos de dedicados artesanos. Dicho salto no está en absoluto fuera de lugar, y el modelo independiente de producción es mucho más positivo para los trabajadores y el medioambiente de lo que podría serlo jamás cualquier modelo de fabricación en masa. Pero, cuando ese baremo se traslada a un juicio de valor sobre el objeto en sí, y sobre las personas que lo consumen, sus detentores son propensos a atizar una guerra cultural en la que nuestros gustos se malinterpretan deliberadamente como barómetros de identidad, ideología política y pureza moral.

Una vez más, encontramos una incapacidad de identificar la infinidad de exigencias contradictorias que dictan cualquier decisión de consumo —si es que puede llamársela así siquiera—, exigencias que tal vez no salten a la vista si nos quedamos en las apariencias, o sin un conocimiento profundo de las vidas y experiencias de los implicados, lo que lleva a ese puritanismo con el que se examina la moda del pan de masa madre. Algo que viene a reforzar el lugar que ocupa en un universo visual que prioriza tiempos pasados y pasa de puntillas por el racismo, el sexismo, la homofobia y la tuberculosis para mostrar una especie de paraíso compuesto nada más que de monos de trabajo y panaderos fornidos con la cara embadurnada de harina, sacos de arpillera cerrados con un cordel y alegres doncellas libres de las preocupaciones del trabajo y del cuidado de los hijos. La nostalgia es también la levadura (¡!) del mito del pan de masa madre. No solo porque preceda a los métodos más modernos de elaboración del pan, sino porque el «iniciador» del que dependen —un prefermento compuesto por una mezcla de harina y agua que contiene una colonia de microorganismos, entre ellos levadura y lactobacilos, que hacen que suba el pan— puede llegar a tener siglos de antigüedad. A estos cultivos, que son organismos vivos (aunque no sintientes, cabe suponer), se les concede a menudo la categoría de mascotas, y las panaderías los cuidan y preservan con un sentimiento de amor y deber. A fin de cuentas, son únicos y, a partir de su interacción con el entorno, también son susceptibles de cambiar dependiendo del lugar en el que se encuentren. Una determinada masa madre dará lugar a un pan de sabor y textura muy distintos a otra. Así pues, no es raro que se leguen de generación en generación, y que muchas panaderías afirmen que la que usan actualmente se creó en un pasado lejano. Comprar una hogaza de pan de masa madre, cortarla en rebanadas, tostarla y comérsela con un pedacito de queso encima equivale —como nos ha llevado a creer todo el folclor elaborado por un sinfín de panaderos— a formar parte de la historia en sí. Entre tanta crisis recurrente del capitalismo, a cual peor, y la amenaza de la catástrofe ecológica, esa mirada color de rosa con la que contemplamos a menudo el pasado se extiende automáticamente a esos objetos de una artesanía pasada, apilados en los escaparates de las panaderías de lujo de hoy en día. Mientras, las hogazas blancas, cuadradas, esponjosas que encontramos envueltas en plástico en el supermercado de la esquina cargan con el peso de la culpa de toda la modernidad, y de la industria alimentaria frankensteiniana creada por esta.

Revivir métodos caseros y anticuados para la preparación de alimentos es a la cultura gastronómica lo que el cutis natural a la belleza, los tejidos artesanales a la moda, y los muebles modernistas de teca al interiorismo; y, en cada uno de estos casos, si bien la sostenibilidad era un objetivo, lo era en todo caso por detrás del estilo. Todo forma parte de una preferencia por épocas más «sencillas», en la que lo «orgánico» y lo «casero» equivalen a lo «simple» y «natural»: un fenómeno que, a medida que avanzaba, empezó a invadir el lenguaje del *survivalismo* (o preparacionismo). En la pandemia de la covid-19, ese puritanismo en torno a la comida encontró terreno abonado en una población angustiada y estática, obsesionada con la idea de aprender a elaborar alimentos básicos como pan, yogur, encurtidos y guisos, por miedo a que las rutas de suministro quedasen permanentemente afectadas. Comenzó a circular la noción de un tiempo libre ilimitado, y cada nuevo post creaba un «nosotros» compuesto de todos aquellos que no tenían que salir de casa para atender a su trabajo, o que se habían convertido en cuidadores a jornada completa de sus seres queridos. El miedo generalizado a una escasez de pan atenazó por un momento a la sociedad británica y provocó un repunte del pan casero y del número de gente mostrando en internet el uso de sus kits de masa madre para principiantes.

Aquello me recordó a algo que mencionaba Doris Lessing en *Memorias de una superviviente* (1974), un escalofriante relato ficticio de la vida en Londres tras un suceso apocalíptico innominado: «Cuando nada, o bien poco, restaba de aquello a lo que habíamos estado habituados y que habíamos aceptado como lógico unos diez años antes, continuábamos hablando y actuando como si todas aquellas viejas formas nos pertenecieran aún. Y, efectivamente, el orden de antaño, alimentos, comodidades y aun lujos, existían en los niveles superiores. Todos lo sabíamos, aunque evidentemente quienes disfrutaban de todas esas cosas no atraían la atención sobre sí mismos. Y también podía haber orden en ciertos enclaves aislados en el espacio o en el tiempo, durante periodos de semanas o meses, o bien en un distrito determinado. En esos enclaves la gente vivía y hablaba, pensaba incluso como si nada hubiera cambiado. Cuando sucedía algo realmente malo, como cuando quedaba devastada una zona, la gente solía alejarse durante días y semanas para albergarse con parientes o amigos, y volver luego quizá a una casa saqueada, y retomar sus empleos, sus tareas domésticas, su orden establecido. Podemos acostumbrarnos a cualquier cosa. Esto es sin duda un lugar común, pero quizá sea necesario haber vivido tiempos como aquellos para ver qué horrible verdad es esta. No hay nada que la gente no esté dispuesta a intentar incorporar a la "vida cotidiana"».[9]

Me convencí de que una pandemia mundial y la amenaza inmediata del calentamiento global habían generado la tendencia a ludificar la desesperanza; a embellecer los imperativos de la supervivencia e incorporarlos en un lenguaje de recomendaciones tibias y paternalistas con las que transformar nuestro estilo de vida, todo envuelto en un filtro de nostalgia. Y me preocupó también la cantidad de oportunidades que ponía esto a disposición de algunos para aprovechar esa desesperanza reprimida y promover otras facetas de una existencia pasada, más culturalmente conservadora en lo tocante a ideas perniciosas en torno al género, la belleza y el papel de las personas en la sociedad. Aquel entusiasmo ante la ocasión de revivir el espíritu de la guerra me asustó, en particular la reconversión de penalidades que habían generado traumas reales y duraderos en una medalla de honor, en una aspiración perversa. Un ascetismo dañino en la cultura culinaria, que enmascaraba multitud de prejuicios peligrosos sobre el peso y la clase, confluyó con una fetichización de la austeridad y transformó el feliz acto de comer en un desafío y en un acto de voluntad.

6

El ocio

No te lo vas a llevar al otro barrio.
Anónimo

Hace unos años, mi amiga Margaux y yo fuimos de vacaciones a Marsella, en el sur de Francia. Nos decidimos por ese destino pensando en la rapidez y en el bolsillo: Margaux es francesa y vivía en París por aquel entonces, y yo estaba viviendo en Londres, de manera que, según la planificación meticulosa de Margaux, nos plantaríamos las dos ahí con un simple trayecto en tren o en avión. La facilidad del desplazamiento terminó resultando el menor de nuestros problemas, pero no lo sabríamos hasta unas horas después de llegar. Margaux, para que conste, suele organizar viajes y actividades con sus amigos, siendo como es una de las personas más amables, organizadas y generosas que he conocido nunca. Yo no soy para nada así. Una vez, por ejemplo, Margaux nos apuntó a ambas en la Media Maratón de París; yo viajé a Francia expresamente, pero por mi culpa terminamos viéndolo desde un café cercano, tomando *bloody marys* para curar una resaca que también era culpa mía. No me enorgullezco de ello, y sospecho que a veces, al menos a ojos de un extraño, la nuestra puede parecer la amistad entre un concienzudo entusiasmo y una caótica apatía. Sin embargo, yo no lo vivo así. Amo a Margaux de una forma en la que he querido a poca gente jamás, y envidio su capacidad de ver más

allá de sus narices y orquestar algunos de los momentos más bonitos y espléndidos en las vidas de quienes la conocen.

Tenía pocos motivos para pensar que nuestra primera mañana
en Marsella sería distinta. Fui a esperar a Margaux a la estación
central, y luego, en un taxi camino del puerto, me dijo que un
bote de vela iba a llevarnos a las Calanques, una serie de calas en la
costa de Marsella famosas por sus aguas quietas y su fauna abundante. Yo quedé, como siempre, maravillada ante su destreza logística,
algo a lo que ella solía responder con algún comentario humilde,
diciendo que no era nada. Pero ese día, por primera vez, con una
expresión de sincero asombro en lugar de la falsa modestia habitual,
me explicó que lo había gestionado todo a través de una herramienta conectada a la plataforma de alojamientos privados Airbnb. Ese
complemento, Airbnb Experiences, permite a los turistas reservar
actividades con personas de la localidad, ya sean clases de cocina,
paseos guiados o retiros de bienestar. Si puedo hacerle una crítica
—y es solo una— a mi querida amiga, a mi gran amor Margaux,
es su absoluta falta de cinismo hacia esta y cualquier cosa parecida,
y que pusiera los ojos en blanco mientras yo soltaba la consiguiente
diatriba contra la expansión de la «economía de la experiencia» y la
forma en que mercantilizaba actividades cotidianas. Había leído artículos que explicaban la invasión de *escape rooms*, experiencias gas-
tronómicas y piscinas de bolas en las calles principales de las ciudades, y que lamentaban la enajenación del espacio público y las
dimensiones exclusivas, prohibitivas e «inmersivas» de actividades
hasta entonces sencillas, como ir al cine. La economía de la experiencia era un tema candente en periódicos y revistas del momento, y las
tendencias de consumo habían ido incorporando nuevos niveles de
artificio en las maneras en que la gente pasaba sus noches y sus fines de semana, un fenómeno que se achacaba en parte a la expansión
de las redes sociales y a la presión que todo el mundo sentía por
retransmitir al exterior una imagen interesante y extravagante.

Esta línea de debate, por lo visto, no iba mucho con el espíritu
de nuestras vacaciones, así que cerré la boca mientras llegábamos

al puerto y ayudaba a Margaux a cargar con las baguettes, las cajas de vino y los quesos que había comprado para la ocasión. La estampa de las dos, recostadas en los asientos de cuero que bordeaban la cubierta del barco, recogiéndonos el pelo bajo el pañuelo —mi estampa, en concreto, con unos grandes pendientes de aro que había comprado en una tienda de oro de Birmingham y que pronto serían involuntariamente sacrificados a los mares—, inspira lástima. Como la inspira también el recuerdo de la ternura con que yo miraba a nuestro capitán, un expat galés, afable y llegado hacía poco, que no dejaba de repetir lo contento que estaba de tener por fin a alguien con quien compartir su nueva afición.

Algunos amigos míos con más experiencia marítima me reprochan el horror con que relato lo que vino a continuación, e insisten en que ni mucho menos pudimos estar tan cerca de la muerte como afirmamos. De todos modos, tanto da que nuestras vidas estuviesen o no en peligro: lo importante es que, cuando nos alejamos del puerto y llevábamos una media hora navegando, y la ciudad, con su densísima estructura urbana, se disolvió en poco más que un borrón en el horizonte, dio absolutamente la impresión de que así era. En ese punto las aguas se oscurecieron, emulando aquel citadísimo epíteto de la *Odisea* de Homero, «el mar color de vino», cosa que no se me había ocurrido hasta el momento que pudiera ser uno de los atractivos de la experiencia de ahogamiento potencial por la que había pagado cien libras. Mientras la gelatina grisácea del mar amenazaba con tragarnos enteros, el vino que habíamos comprado salió volando en cajas hacia todas direcciones, junto con las baguettes y los quesos y otros aspectos de un estilo de vida que habíamos tratado de imitar, inspirándonos en la adaptación que hizo Anthony Minghella en 1999 de la novela de Patricia Highsmith *El talento de Mr. Ripley*. Lo único que conservo de aquel encontronazo, más allá del recuerdo difuso de maldecir a gritos tanto a Airbnb como a la economía de la experiencia más en general, son dos selfis que saqué desde la seguridad de tierra firme, cuando arribamos por fin a una isla después de seguir alejándonos mar adentro hasta un punto en el que ya no se alcanzaba a ver la costa francesa (pues, según el criterio de nuestro capitán, debíamos ir a favor, y no en contra, del viento). Esas fotos, en las que tengo la mirada maniaca de una persona que ha escapado de la muerte de milagro, y en las que mi pelo constituye una especie de explosión fascinante en lo alto de la cabeza, me sirven ahora de prueba de lo absurdo que fue querer formar parte de un grupo que nadie ha sabido satirizar mejor que Highsmith.[1]

EL ARTE DE VIVIR

El de «clase ociosa», como hemos mencionado antes, fue un término acuñado por Thorstein Veblen para referirse a un nuevo grupo económico surgido a finales del siglo XIX, de la mano de las fases más avanzadas del capitalismo industrial que se había ido desarrollando en la sociedad occidental. Era un grupo que, definido a partir de entonces con ese apodo sutilmente cáustico, lucía su riqueza en vacaciones frecuentes y logros culturales y deportivos. *El talento de Mr. Ripley* pone la lupa sobre la clase ociosa, y en particular sobre el personaje de Dickie Greenleaf, que en la adaptación cinematográfica interpreta con genialidad el actor Jude Law. Dickie es un hombre sin domicilio ni trabajo fijo que dedica su vida a tomar el sol en Italia y a dominar el arte del jazz, la preparación de martinis y el diseño de interiores. Cuando su padre se cansa de financiar este tren de vida, manda a Tom Ripley para que convenza a Dickie de volver a Estados Unidos. La historia gira en torno a la revelación de Tom Ripley como un sociópata capaz de manipular en beneficio propio a ambas generaciones de la familia Greenleaf, lo que podría interpretarse como una fantasía de venganza de la clase trabajadora contra esos que han abrazado descaradamente una vida con ínfimas responsabilidades y preocupaciones económicas. De ahí que el personaje de Ripley siga siendo

tan popular, pese a su falta característica de cualidades que lo redi-
man, lo que constituye una réplica perfecta frente a esa idea anti-
quísima, que enseñan las clases de escritura creativa y repite hasta
la saciedad la industria editorial, según la cual los personajes deben
agradar para que los lectores se impliquen emocionalmente.
Siempre y cuando sus justificaciones morales encajen con las nuestras, es en verdad sorprendente, de hecho, cuánta violencia y crueldad estamos dispuestos a tolerar en nuestros personajes ficticios.

Si bien Dickie es materialista, esta es solo una motivación secundaria. Posee cosas bonitas, la mayoría de las cuales parecen
heredadas, pero su principal interés es la experiencia. De igual
modo, tiende a ver a las personas según sirvan a su necesidad de
diversión y hedonismo, y, como tales, las trata con crueldad y
como algo desechable. Tiene un título universitario, pero no está
claro por qué, ni si ha puesto sus estudios en práctica alguna vez.
Tom Ripley, por el contrario, comienza como botones de hotel
y músico de bolos, y deposita un peso casi opresivo en asuntos de
amistad y conexión humana, pero también de comprensión cultural y educación. Ripley solo consigue engañar a Dickie haciéndole creer que fueron amigos en Princeton, una época en la vida
de Dickie que este describe ya, al final de la veintena, como una
«bruma», lo que desvela la irrelevancia de la educación tanto en su
fortuna como en su identidad. Pierre Bourdieu señalaba en *La
distinción* que las personas que precisaban de la educación formal
para hacerse con cierto grado de reconocimiento o prosperidad
seguían planteándose las cuestiones educativas con seriedad y severidad el resto de sus vidas, al contrario que otros individuos más
privilegiados, expuestos a esas ideas en su entorno y desde edad temprana.[2] Eso explica también por qué Ripley observa con mucho
más rigor las reglas del buen gusto, mientras que Dickie y sus amigos —particularmente, Freddie Miles, interpretado a la perfección
por Philip Seymour Hoffman en la adaptación al cine— son mucho más despreocupados e irreverentes, aun a riesgo de parecer
impertinentes o incluso vulgares.

Los barcos tienen un papel prominente tanto en la novela como en el filme, ambientados ambos en su mayor parte en Italia. El barco de Dickie, el Bird, es una posesión preciada, y tal vez la única excepción a la regla de su falta de interés por las cosas materiales. El atractivo del barco, sin embargo, radica crucialmente en el estilo de vida que pone al alcance de su mano, en la posibilidad de montar suntuosas excursiones para los amigos que pasan a verlo: no es un Rolex ni un escritorio Chippendale comprado en Sotheby's. A decir verdad, la vida en constante movimiento de Dickie desdeña activamente la posesión de objetos grandes: es la libertad, su mayor tesoro, y también la libertad, lo más revelador con respecto a su posición en la vida. Por el contrario, el padre de Dickie es un magnate, dueño de unos astilleros, cuya riqueza va ligada a un «trabajo» permanente y continuado, si bien altamente explotador y degradante para otras personas. En este aspecto, Greenleaf padre representa una forma de riqueza más primitiva y menos libre de ataduras que la de su hijo, y es este contraste el que explica la tensión que existe entre ellos, como existe entre las distintas generaciones de tantas familias adineradas.

El talento de Mr. Ripley es, por tanto, un relato sobre las distintas formas en que se mueven por el mundo las personas: la falta de resistencia que encuentran quienes tienen dinero, y las maquinaciones que requieren hacer los que no. Lo que para los de arriba es casual y se da por sentado se convierte en una fijación aspiracional para los de abajo. Si Dickie Greenleaf representa una especie de *summum*, o de cima de la prosperidad —un hombre tan rico que puede tratar con absoluto desdén el dinero y a las personas que se lo proporcionan—, entonces es evidente que Tom Ripley, y la gente como él, no aspirará a joyas y palacios, sino a experimentar esa total facilidad de movimientos, así como a la posibilidad de no hacer nada más que perseguir aventuras y novedades. Dado que el tiempo es el mayor lujo de todos, como hemos visto en ese deseo por objetos que muestren los signos visibles de una elaboración lenta y cuidadosa, puede que la manifestación definitiva de la prosperidad consista en eliminar por completo la necesidad de objetos. Es la demostración de una ausencia de responsabilidades, de una vida enteramente ajena al mundo del trabajo y de las preocupaciones materiales.

No obstante, del mismo modo que se pueden crear versiones industriales y sintéticas, incluso virtuales, de objetos rústicos, también podemos encontrar duplicados en el mundo de las actividades. De hecho, la economía de la experiencia al completo podría considerarse un duplicado de la vida que disfruta la clase ociosa, y un intento de crear alternativas artificiales y en pequeñas dosis que permitan a los participantes proyectar cierto grado de prosperidad al mundo exterior. Esa perogrullada que dice que no hay manera mejor de gastarse el dinero que creando recuerdos —que en el sentido popular se refiere a nuevas experiencias, y no a recuerdos ligados a una conexión emocional profunda, ni a una iniciativa colectiva, ni a la comunión íntima con un precioso poema, por ejemplo— es la que se emplea para impulsar una industria de encuentros cada vez más rebuscados y mercantilizados: tours gastronómicos a todo trapo por países enteros, cursos introductorios a tradiciones antiquísimas, vistas del mundo desde perspectivas alternativas —desde arriba, desde abajo, desde un aerodeslizador—, cenas a oscuras, paseos en vespa, paseos en *segway*, recorridos por la costa italiana en un Fiat 500 por quinientas libras, mesas suspendidas a treinta metros de altura. La lista es interminable, y, a medida que se incrementa la oferta, disminuye la integridad. La diferencia entre mi amiga y yo embarcando en un yate en el sur de Francia y Dickie Greenleaf embarcando en el suyo es que él sí disponía de tiempo para pulir el arte de navegar. Nosotras, en cambio, recurrimos a los servicios de un hombre que, como es natural, se había subido al carro de un mercado naciente y tenía pocos mecanismos de control establecidos.

Otro aspecto relevante de la novela es su ambientación en los cincuenta y su tratamiento de la emergencia de la tecnología y el sistema en los que se basa la economía de la experiencia. *El talento de Mr. Ripley* es la primera de una serie de cinco novelas que abordan todas ellas aspectos diversos de la globalización, entre ellos los viajes transnacionales y el sistema bancario internacional. Los personajes aparecen a menudo canjeando cheques emitidos en el extranjero, enviando giros postales y alquilando alojamientos, en lo que era un fenómeno relativamente nuevo que marcó un punto de inflexión respecto a las convenciones, más encorsetadas y provincianas, de la alta sociedad que había imperado en el siglo XIX, centrada en pequeños círculos sociales cuyas interacciones se limitaban a eventos extremadamente orquestados; e, incluso estos, dictados a menudo por la tradición. La segunda novela de la serie, *La máscara de Ripley*, se publicó en 1970, quince años después de la primera, en un momento en el que los vuelos comerciales ya se habían implantado y estaba comenzando su auge. Las oportunidades de transformación constante; de vivir múltiples vidas en múltiples lugares; de una identidad que, desligada de su entorno inmediato, tenía la libertad de ser mucho más escurridiza, eran condiciones que Highsmith explotó en sus relatos sobre engaños y falsificaciones. Siendo como era una mujer lesbiana que pasó gran parte de su vida en Viena, celebró claramente estas condiciones, y las reconoció como una posibilidad de escapatoria de la intolerancia y los prejuicios que habían caracterizado también a comunidades más pequeñas.

Tom Ripley saca partido asimismo de estas nuevas oportunidades, pero carece de la sofisticación necesaria como para hacerlo con desenvoltura. El acceso a tantos viajes y la exposición a culturas distintas trajeron consigo la idea de que cualquiera podía convertirse en un aventurero, y que el dinero así gastado tal vez representara algo más noble que todos los bienes de consumo de buen gusto juntos. Pero, entre quienes no contaban con el aval de la riqueza familiar o con un seguro médico, lo de ser intrépido no siempre calaba. Esto me recuerda a una conversación que tuve en mis tiempos de estudiante, un día que convencí a mis amigos de ir al cine a ver el documental *Man on Wire* (2008), dirigido por

James Marsh, que se centra en la vida del funambulista y especialista Philippe Petit y, en particular, en la preparación y ejecución del número de cuarenta y cinco minutos que este llevó a cabo en 1974 sobre una cuerda floja tendida entre ambas Torres Gemelas. Petit, que cruzó la cuerda un total de ocho veces, se paseó, se agachó, se tumbó y bailó suspendido a cuatrocientos metros de altura sobre las calles de Nueva York, y afirmó, al terminar, que le llegaban el murmullo y los vítores de la gente que lo contemplaba desde abajo. Continúa siendo un espectáculo impactante, y Petit merece todos los elogios por poner a prueba los límites del logro humano y de lo que es posible alcanzar desarrollando la destreza y, claro está, sobreponiéndose al miedo.

A mí me ha interesado siempre mucho lo extremo, y los motivos que impulsan a los seres humanos a lanzarse a hazañas estrambóticas que desafían todas las reglas de la seguridad y del sentido común. No soy particularmente valiente, y no he sentido jamás la compulsión de arrojarme desde un avión, ni de hacer puenting, pero me fascina la gente que sí, y las motivaciones que la empujan. Eso era lo que íbamos comentando mis amigos y yo de vuelta a casa: si Petit habría considerado seriamente en algún momento la posibilidad de la muerte, qué debía de sentirse, si habría vuelto a experimentar aquella misma descarga de adrenalina o aquella sensación de triunfo. Una amiga, sin embargo, guardó silencio, y esperó casi hasta el final del camino para decirnos que, lejos de gustarle la película, le parecía que lo de Petit era una irresponsabilidad, y que a él le habían dado igual las personas que lo amaban.

«Y sus hijos ¿qué?», dijo.

«No estoy segura de que tenga hijos», respondí yo.

«¿Y si tenía?».

Aquel comentario que entonces me pareció ridículo —y al que repliqué diciéndole a mi amiga que esa no era la clave, que había que separar al artista de su obra— me ha ido pareciendo más justificado con el tiempo. No es irrelevante que esta persona fuese también la más pobre en nuestro grupo de amigos, hija de un basurero y criada en un piso de una habitación en Romford, Essex, en la periferia de Londres. No digo esto con condescendencia, ni insinuando que esa experiencia hubiese empañado su juicio, sino solo para constatar que, por circunstancias personales, sus prioridades eran siempre mucho más prácticas que las de sus compañeros, pues sentía el peso enorme de la responsabilidad de poner remedio a las estrecheces económicas de la familia. Que a mí nunca me preocupara ese peso es más bien un reflejo de mi egoísmo, y no tanto de que disfrutara de grandes ventajas comparativas en términos de riqueza y prosperidad, pero me avergüenza reconocer que alguna que otra vez, llevada por un deseo patético de encajar, me sumé a mis compañeros cuando se mofaban de su entusiasmo ante una bandeja barata para servir chupitos, o ante las bandejas de comida china de la cadena de congelados Iceland, por ejemplo. Y fue también en este contexto en el que juzgamos, da la impresión, su reacción al documental, que nos pareció provinciana y carente de una verdadera comprensión del arte. Una hipocresía por nuestra parte, porque, por mucho que dijésemos, albergábamos todos cierto deseo de vivir en un estado de comodidad absoluta, y jamás habríamos accedido a correr el más mínimo riesgo físico.

Este pasó a ser el dilema central de mis veintipocos, de hecho, porque anhelaba un confort que habría resultado redentor y ayudado a enmendar algunas de mis tendencias más ansiosas, y, al mismo tiempo, me sentía empujada a cumplir con la expectativa popular de que los jóvenes debían ser valientes, arriesgar, ver mundo. En *Man on Wire*, Petit nos cuenta incluso que «hay que vivir la vida al límite» y «ver cada día como un auténtico desafío», pero este documental no era ni mucho menos el único motivo de mis desvelos, porque había consignas similares prácticamente en todas partes, espoleadas por una industria enorme de viajes para años sabáticos, vacaciones basadas en actividades y un resurgimiento del periodismo al estilo gonzo, de la mano de medios como *Vice*. Fue también por entonces cuando entró en el lenguaje común el término *bucket list* y, con él, la idea de que debíamos tener todos una lista de objetivos que cumplir antes de que la parca llamara a nuestra puerta. Las apps de citas parecían plagadas de gente anunciando el número de países que había visitado, como pioneros del siglo XIX proclamando con orgullo sus conquistas y fotos que lo atestiguaban. Se extendieron los eventos corporativos, y la competencia por promocionar la capacidad de soportar condiciones antihigiénicas y aguantar noches enteras sin dormir. Yo hice algunas de esas cosas —menos lo del año sabático y lo del periodismo gonzo, por suerte—, y creí así, por tanto, que estaba cumpliendo con el propósito último de mi existencia: el de ver, hacer, escuchar y probar todo cuanto fuese posible, todo ello sin dejar de mofarme calladamente de quienes me recordaban desde los márgenes que había otra forma de vivir.

Cuando la clase ociosa topó con un individualismo rampante y con las nuevas tecnologías, que permitían a cualquiera retransmitirle su vida al mundo, surgió una perspectiva que difería ligeramente de la indolente avidez de Dickie Greenleaf, la de considerar la propia vida como un recurso limitado que había que «gastar» bien. La distinción entre la «vida» y las «cosas» había estado más clara en su día, cuando las «cosas» incluían también las vacaciones, pero de un modo que seguía siendo patentemente materialista y alimentado por productos nuevos como los paquetes turísticos, con los que las vacaciones se convirtieron en un suceso recurrente y quedaron reducidas a la suma total de sus fotos enmarcadas y sus souvenirs. En mi familia teníamos vacaciones a menudo, pero existían como algo al margen de la vida, como ocurría con la moda y con las compras. Las vacaciones, a la manera de unas zapatillas nuevas, eran un capricho y no constituían la vida en sí: ese lugar tenue, difuso y turbio que ocupábamos en el día a día, muy parecido al que captura Kechiche en las escenas de Adèle en torno a la mesa familiar. El dinero se empleaba para salpicar lo que considerábamos la «vida» de desvíos excitantes y de algún que otro objeto bonito cuyo único propósito era el disfrute, pero no necesariamente aportar significado ni recuerdos.

Gran parte del discurso popular que parecía rodear la industria del turismo cuando yo tenía veintipocos años trataba la *vida* misma como una mercancía, algo que podía comprarse o reservarse anticipadamente. Esto no pretende ser un juicio entre las perspectivas o cosmovisiones contrapuestas que se exponen aquí; busco solo señalar cuánto han cambiado las actitudes de los consumidores, y cómo se ha adaptado la industria para, bien atizar ese cambio, bien responder a él, y atender a las necesidades de todo el que desee *vivir la vida* a tope. Mientras que las compras eran en otro tiempo un aspecto de la vida a la que se consideraban subordinadas, la economía de la experiencia ha traído consigo una confusa mezcla de ambas.

Actos de mejora

Hasta ahora, este libro ha expuesto las múltiples maneras en que se transmite la noción de buen gusto mediante la tácita ostentación de ese artículo cada vez más valioso y exclusivo que es el tiempo. Lo vemos en objetos manifiestamente artesanales, indicativos por tanto de la capacidad que tiene el consumidor de adquirir el tiempo de otra persona; o en oficios y actividades a los que el propio consumidor puede destinar enormes cantidades de tiempo; o en una imagen de lo más saludable y una rutina de cuidado de la piel patente en intervenciones cosméticas que «casi ni se ven»; o en alimentos y demás creaciones que denotan un interés por las artes y oficios culinarios. El desenlace natural sería eliminar por completo los bienes materiales y hacer gala del *summum* de la virtud como consumidores —y, por extensión, de un buen gusto superlativo— convirtiéndonos en *connoisseurs* del tiempo el sí.

Surge así una divisa de la experiencia, con efectismos a un extremo y actividades orientadas a «mejorarnos» a nosotros mismos por el otro. Estas últimas repercuten en el capital cultural de la persona por medio de beneficios para la salud, o proporcionando oportunidades en las que exhibir una serie de atributos vinculados a su empleabilidad. Los currículums acostumbran a incluir una sección entera en la que aparecen enumerados maratones, escalada, carreras de orientación o nadar en aguas frías. Todas estas cosas pueden potenciar la empleabilidad de una persona, y la tendencia no se limita a hazañas físicas, sino que engloba también el dominio de habilidades, ya sean unos cursillos de cocina, de cerámica o de pintura. Cabe prestar atención a este salto de interés genuino sobre el curso acelerado: experiencias que pueden comprarse por adelantado, rematadas con un bonito certificado.

El festival Burning Man, que se celebra todos los años en el desierto de Nevada y reúne nada menos que a ochenta mil personas, es uno de los más importantes del mundo, y resulta muy idóneo para examinarlo en relación con su lugar en la economía de la experiencia. Para los empleados de las tecnológicas que viven en la Costa Oeste de Estados Unidos, asistir al Burning Man era prácticamente obligatorio a finales de la década de 2010. Como gustan de recordar los asistentes a todo el que quiera escuchar, el festival nació de los movimientos contraculturales que surgieron en la región a lo largo de los sesenta, primero como una fiesta en torno a la fogata que se celebraba todos los años en San Francisco, y más tarde en el desierto de Black Rock, en Nevada, donde sus fundadores —Kevin Evans, John Law y Michael Mikel— comenzaron a expandir sus ambiciones. Uno de los principios que antes implantaron fue el de la autonomía, inspirándose en la idea de la zona temporalmente autónoma, acuñada tiempo atrás por el anarquista Hakim Bey. El festival se erigió en torno a actuaciones autogestionadas y la práctica de la subsistencia. Con el tiempo, se prohibió el dinero, y los asistentes debían intercambiar bienes y servicios para apañárselas. Que se tratara de un evento corto —si bien largo para los estándares de la mayoría de los festivales contemporáneos: nueve días en total—, y que esos ajustes en el estilo de vida fuesen, por tanto, virtuales, ya que los participantes tenían la posibilidad de regresar a la «normalidad» cuando quisieran, el

Burning Man constituía una especie de experimento inocente que no representaba, en teoría, ningún perjuicio ni agravio alguno para quienes no desearan participar. Lo que sí empezó a ser cada vez más obsceno, en los años siguientes, fue el precio disparado de las entradas y un perfil de asistente que ya no era un saludable reemplazo del hippy de antaño por parte del vendido corporativo de la actualidad, sino de ese engendro frankensteiniano que hay a medio camino: el *tecnobro* «creativo» descalzo. En la colisión de la utopía de la industria tecnológica pionera y las grandes cuentas bancarias, había nacido un capitalista nuevo, seguro de poder reconciliar la avaricia materialista que crecía dentro de él con las nuevas soluciones tecnológicas que afirmaba estar creando en interés de todo el mundo. La mojigatería con la que se presentaba el Burning Man y su espectáculo de un estilo de vida alternativo no se ajustaba nada bien a la realidad: que se había ido convirtiendo en un patio de juego para los desmesuradamente ricos. Sabemos que muchos de los asistentes, en total discrepancia con las ideas fundacionales de un paraíso sin dinero, llegan al evento en sus jets privados, que llevan consigo alimentos importados de lujo y organizan fiestas exclusivas en el seno del evento.

El cambio de parecer más brusco que he experimentado jamás con respecto a un escritor fue leyendo un ensayo de Geoff Dyer elogiando el Burning Man en 2003, ensayo que se publicó cuatro años después de que asistiera por primera vez, en 1999.[3] En los años transcurridos desde entonces, el entusiasmo de Dyer por el festival y por todo lo que este ofrece no ha decaído en ningún momento, y eso que ha tenido oportunidades de sobra para rectificar, para sentar la cuestión, que dicen. Todavía en 2018, tras una última visita, y contra la avalancha de críticas por el elitismo y la hipocresía del evento, *The Guardian* citó a Dyer afirmando que había sido «aún más estupendo que la primera vez que vine, en 1999», y que «la calidad del arte ha mejorado hasta el punto de que el Burning Man ha dejado a otros encuentros de arte contemporáneo en el (polvoriento) arcén».[4] El arte al que se refiere

Dyer aquí, para cualquier afortunado que haya posado alguna vez los ojos en él, no es ni mucho menos arte, sino pura imaginería capitalista, desligada de todo discurso, debate o noción de historia del arte; y no es algo nacido del estudio, sino un elefante *steampunk* hecho de ferralla e impulsado por un par de mujeres con biquinis plateados que se consideran parte de un positivismo sexual que, por lo que sea, está centrado en hombres muy ricos que montan fiestas sexuales. Representa los extremos de la necedad corporativa sin cortapisas. Solo un cerebro atrofiado a base de Huel y *Final Fantasy* —al que juega al final de un día dedicado, por lo demás, a mirar una pantalla—, incapaz de algo que no sea una visión superficial y pornográfica de la realidad, podría soportar ese espectáculo de igualdad y progresismo idealizados del Burning Man. Sin embargo, más allá de esa confianza desencaminada en la integridad de lo que considera arte, y de la colosal huella de carbono que deja tras de sí, lo que despierta más rechazo hacia el Burning Man es la insistencia en presentar tibios gestos de una rebelión inexistente como una especie de acto radical. El convencimiento que muestran la mayoría de los asistentes de que los movimientos políticos y artísticos más importantes, hermosos y transformadores del pasado pueden tratarse como un mero disfraz. Y que ponerse encima algún que otro accesorio sacado de las películas de Guillermo del Toro permite saborear su magia hasta al más desbocado capitalista.

Por suerte, no ha arribado a las costas británicas una abominación semejante, y, aunque se lo compare con el Festival de Glastonbury —que se celebra todos los años en Somerset y cuenta con capacidad para acoger a más de trescientas mil personas—, el festival en sí no cae en el absurdo de su equivalente estadounidense, en parte por la tendencia británica a evitar los sentimientos fervientes: un inconveniente en muchos aspectos, origen de toda clase de neurosis, que en este sentido concreto demuestra ser bastante útil.

Donde sí brilla por su ausencia este cinismo en el contexto británico, y donde no estaría de más, es en un evento cuyo nombre apenas soy capaz de teclear, aunque sin duda debo hacerlo por el bien mayor de escribir este libro. El Tough Mudder es una carrera de obstáculos corporatizada en la que los participantes cubren una distancia de entre dieciséis y diecinueve kilómetros en los que deben superar un sinfín de pruebas físicas inspiradas en ejercicios de instrucción militar. De manera muy similar, el Tough Mudder combina la experiencia de una maratón con elementos de deporte extremo, en un desafío pensado para llevar al límite las capacidades mentales y físicas de los participantes. Los obstáculos están diseñados para inducir miedo, y a menudo incorporan algunas de nuestras aversiones más profundas, como el fuego, los espacios cerrados y las alturas. El Tough Mudder es hoy en día extremadamente popular, tanto la participación individual como con amigos, pero también organizan eventos para mejorar la cohesión de equipo con grupos numerosos de compañeros de trabajo; la empresa de auditoría Deloitte es un fiel cliente. En el momento de escribir estas líneas, hay incluso una mención al programa de aventura en la web oficial de ofertas de trabajo de Deloitte, destinada a mostrarles a los potenciales candidatos el amplio abanico de intereses de los que disfrutan sus empleados, polifacéticos y gente de mundo.[5] La estrategia publicitaria del Tough Mudder consistía en documentar todos sus eventos con fotógrafos profesionales y subir las imágenes a Facebook al día siguiente con una marca de agua. Los participantes aparecían etiquetados en las imágenes, en un modelo inspirado directamente en la estrategia de los promotores de discotecas desde hacía años. Estas imágenes promocionales, que eran al mismo tiempo una extensión de la experiencia —la expectación y la ilusión de recibirlas formaba parte del atractivo general— y una medalla de honor, se difundían por todas partes, y llevaban hasta un público nuevo esta curiosa actividad de fin de semana que la clase corporativa británica estaba tomando por asalto.

CLASES DE SUBEARVIVENCIA

Esta idea de que la vida es un artículo con reservas limitadas que hay que saber emplear lleva también, en parte, a vivir de un modo mucho más llamativo. Eventos como el Tough Mudder, o las maratones, generaban contenidos idóneos para compartir y generar participación, y contaban con toda una industria secundaria de fotógrafos y community managers cuya función era permitir que los participantes exhibieran sus hazañas a lo largo y ancho de la red. Esto coincidió con la aparición en nuestras pantallas de una persona que podría considerarse el sumo sacerdote de la economía de la experiencia, Bear Grylls: la antítesis fría y altanera del entusiasmo, mucho más entrañable, del naturista Steve Irwin, que por desgracia murió atacado por una raya. Grylls representó la primera incursión en el medio televisivo y en el entretenimiento —y la más exitosa— de un personaje que existía desde hacía siglos: el hombre rico obsesionado por la supervivencia y la aventura. Fue esa obsesión la que llevó a Edmund Hillary a coronar el Everest, pero también la que condujo a las violaciones y los saqueos del hemisferio sur, y a las consiguientes misiones civilizadoras que sirvieron para imponer la cultura británica en el resto del mundo a lo largo de todo el siglo XIX. Desvinculado de este contexto histórico, sin embargo, Grylls se introdujo en el imaginario como un aventurero moderno, un hombre que se reía frente a los peligros y bebía con frecuencia su propia orina. Las fotos de prensa lo mostraban curtido y pensativo, y la voz en off de sus programas iba acompañada de una banda sonora tan estruendosa como la de una película de acción. Décadas tratando de desmantelar la obra de un binarismo de género tóxico que defendía que los hombres no eran más que criaturas prácticas diseñadas para luchar; décadas, también, intentando empujar a los consumidores a una dieta más rica en vegetales, en entredicho de repente por la presencia en nuestras pantallas de televisión de un propagandista castrense que patrocinaba ideas tales como que el propósito de la vida era poner a prueba nuestros límites y subsistir exclusivamente a base de filetes crudos.[6]

Pese a sus protestas (insiste mucho en su aversión a la celebridad y a la fama), Grylls no solo popularizó la idea del *survivalismo*, sino la de documentarlo para obtener relevancia. Se hizo famoso con su primer éxito televisivo, el programa *Man vs. Wild*, en la que el público recibía un curso sobre supervivencia en la naturaleza. Episodio tras episodio, Grylls se encargaba de buscar alimento, matar animales, cruzar desfiladeros y bucear en aguas desconocidas. Que el programa haya recibido críticas desde entonces, y que varios periodistas hayan encontrado pruebas de que Grylls durmió alguna que otra vez en la comodidad relativa de un hotel cercano y recibió comida por parte del equipo, no será ninguna novedad para la mayoría, y a mí tampoco me interesa demasiado en comparación con el espectáculo del programa (aunque deja claro que este no es más que eso), los motivos de su popularidad y lo que pueda decirnos sobre la sociedad en la que surgió. *Man vs. Wild* comenzó a emitirse en 2006, algo más de un año antes del crack financiero que desencadenó la caída de los mercados de 2008. Estábamos todavía en la fase mayormente progresista, relativamente próspera, de crecimiento estadounidense y, por extensión, occidental. Así las cosas, los asuntos de la supervivencia estaban todavía confinados al ámbito de lo imaginario, y su inverosimilitud podía resultarnos divertida. En aquella época, a Grylls se lo presentaba siempre como un «aventurero», un término que venía acompañado de connotaciones superfluas y anómalas: era alguien que se sentía empujado a hacer esas cosas porque sí, cosas que gente más cuerda y razonable evitaría.[7]

Con el tiempo, sin embargo, Grylls pasó a conocerse progresivamente como un *survivalista*, y las enseñanzas de sus programas comenzaron a adquirir para el público una urgencia mayor, tal vez porque nos enfrentábamos a la posibilidad de sufrir dificultades económicas, eso por no mencionar el colapso de los ecosistemas globales, cuyos efectos eran cada vez más frecuentes y visibles. En 2010, Grylls inició una colaboración con el fabricante Gerber para lanzar una línea de cuchillos plegables y herramientas multiusos, pedernales y navajas suizas que se hicieron muy populares y son, desde entonces, un elemento indispensable entre los entusiastas de la jardinería, el DIY y la acampada. Los conocimientos de Grylls nos llegaron también a través de una serie de libros de autoayuda que combinaban la experiencia extraída de misiones de supervivencia y desafíos extremos con una ración de esa pseudoespiritualidad que asociamos con personajes como Eckhart Tolle, o con Oprah. Entre ellos, estaban *Soul Fuel* (2021) y *Mind Fuel* (2022) —donde el «combustible» aportaba una versión más tradicionalmente masculina y menos sentimental que el «alimento» de *soul food* o *mind food*, cabe suponer—, *How to Stay Alive* (2017), *Never Give Up* (2021), *A Survival Guide to Life* (2012), *Mud Sweat and Tears* (2011) y *Facing Up. A Remarkable Journey to the Summit of Mount Everest* (2009), por no mencionar una larga lista de libros dirigidos a los jóvenes lectores, refritos con un toque moderno de los tradicionales relatos de supervivencia de heroicos aventureros.

Entretanto, en la expansión de este imperio pujante de productos y de bienes asociados con los que sobrevivir al próximo fin de los tiempos, se unió a Grylls una horda de famosos deseosos de poner a prueba (y, por supuesto, de exhibir) su propia fuerza, su carácter y su condición física. Esta variante con rostros conocidos del ecosistema del entretenimiento de Grylls se tituló *Famosos en peligro* con Bear Grylls, y contó con invitados de renombre, como Channing Tatum, Will Ferrell, Kate Winslet, la antigua Spice Girl Mel B, Natalie Portman y, en un episodio muy sonado, el presidente de Estados Unidos, Barack Obama. Este, cuyo propósito era mostrarle al público los efectos reales del cambio climático en el paisaje geológico de los parajes naturales de Alaska, fue la ocasión para reforzar la imagen de Obama como tipo guay. Al principio del episodio, Obama reconoce que es la primera vez que ha tenido la oportunidad de moverse a su antojo por Alaska, en lugar de permanecer confinado en su base aérea, y subraya que la mayoría de los días los pasa en el entorno almidonado de su despacho, donde el traje y la corbata son obligatorios.

En el mismo episodio, Grylls da el paso inesperado de pedirle al presidente si puede elevar una oración por él, petición a la que Obama accede. A continuación, el presentador de televisión lo bendice: apoya la mano en el hombro del presidente y procede a implorarle a Dios en lo alto que lo proteja, en el que es posiblemente, más allá de cualquier otra muestra de arrojo e intrepidez, el máximo ejemplo de la confianza sobrenatural y casi psicopática que posee Grylls en sí mismo. Puede que Obama esperara proporcionarle al público estadounidense un programa entretenido en el que se diera a conocer su lado personal, con algo de conciencia medioambiental como guarnición, pero este se llevó también una lección sobre la incomodidad que puede generar alguien incapaz de captar las señales sociales.

En todo caso, el episodio de Obama con Grylls fue un éxito, y cimentó la reputación de cada uno de ellos en el terreno del otro: Obama terminó su doble mandato como presidente con sus credenciales de macho intactas, si no reforzadas, y Grylls pudo presentarse de manera más convincente como influencer de *mindfulness* y coach de bienestar. Se había establecido una conexión tácita entre experiencia, dificultades autoimpuestas y austeridad, virtud moral y fe: una conexión que se integró en adelante en los libros, charlas y entrevistas de Grylls. En un documental con Louis Theroux en 2022, Grylls contó que a su madre le gustaba llevarlo a ver a oradores motivacionales de pequeño, como Tim Robbins y Zig Ziglar, y compartió varias frases como «escoge el camino menos transitado» o «planta cara a tus miedos».

Gran parte de lo que se considera buen gusto viene tocado por la mentalidad *survivalista* y tiene una apariencia terrena y natural, aun cuando los métodos de producción hayan sido artificiales y explotadores, o presenten un precio prohibitivo. Pero esto se extiende también a los entornos físicos que ensalzan tantas marcas modernas; los que han adoptado Pattern y la industria turística, como Airbnb: de puestas de sol y linternas volantes perdiéndose en la lejanía, de amigos zambulléndose desnudos en lagos enormes, de campamentos escondidos y milagrosamente rodeados de guirnaldas de luces. El concepto mismo de *hygge*, una tendencia procedente de Escandinavia que se hizo popular en todo el mundo a finales de la década de 2010, se basaba en la idea de alejarse de la actualidad. No era ya esa comodidad, estéril, descansada, que en el pasado equivalía a seguridad y que terminaron de rematar el entretenimiento doméstico y las comodidades modernas, sino una que se basaba en la idea de escapar de esas trampas y encontrar un rincón acogedor en una cabaña de madera o en un cobertizo a la orilla de un lago.

En un artículo publicado sobre el tema en *The New Yorker* en 2016, el *hygge* se definía como «una sensación acogedora, de cordial comodidad, que genera satisfacción y bienestar».[8] Para los adeptos de fuera de Suecia, no obstante, se traducía también en impostar la atmósfera de un pueblecito en lo más lejano del hemisferio norte y lo que podían significar allí esa sensación acogedora y esa cordial comodidad: en concreto, una fantasía de troncos apilados y estufas de leña, sofás aplastados bajo mantas cien por cien lana de yak, alfombras peludas, candiles y puede que hasta una cornamenta en la pared; todo perfectamente coherente en la Suecia rural, pero tal vez algo excesivo en la periferia residencial de Mánchester. Desde entonces, se han venido añadiendo *mysig*, sinónimo de *hygge* y adjetivo equivalente a «acogedor»; *lagom*, que podría traducirse como «el punto justo», lo que en términos reales vendría a ser una variante ligerísimamente distinta del primero (un *hygge* con algunos accesorios menos y considerablemente más blanco), y *fika*, una tendencia heredada de la tradición sueca que consiste en hacer una pausa en el trabajo para tomar café con pastitas.

En cada uno de estos casos, sin embargo, estas tradiciones se han adoptado por su estética, descartando cualquier consideración por la historia social y cultural. Es, por un lado, un gesto halagador hacia la cultura escandinava, pero puede que también un proyección burda y caricaturesca de la imagen de esta que se forma un público externo por medio, únicamente, de los clichés más manidos y exagerados. Aun así, estas tendencias dominaron el turismo occidental: hasta el último Airbnb y el último hotel se entregaron a la fantasía del maderero pasando la velada junto al fuego, y muchos de nosotros pagamos cientos de libras la noche por el privilegio de compartir su riqueza reparadora. De ahí que se inventara lo de «retiro», en contraposición a los más tradicionales «estancia» o «escapada de fin de semana»; un retiro al que ya no solo le pedíamos que cumpliera con ciertas expectativas de limpieza, o incluso de opulencia, sino que transmitiera la idea de «huida» por medio de la introducción de un sinfín de motivos románticos heredados de la cultura pop y del entretenimiento de masas.

Cabía preguntarse de qué estábamos huyendo todos. Si antes nos vendían las vacaciones como productos, con familias perfectas y sonrientes, presentadas como una especie de vida en Technicolor en las páginas de los folletos, en los últimos años se habían reconcebido como espacios de retroceso en los que era posible aislarse del mundo moderno con el fin de facilitar una experiencia más esencial. Puede que Bear Grylls y el *hygge* parezcan a un mundo de distancia en lo tocante a sus objetivos, pero ambos recurrían a la psicología popular, junto con el ingenio y el bienestar, para vendernos distintas partes del mismo relato: al final de este, encontraríamos la intrépida aventura y el paraíso acogedor. Además de los términos que ya hemos visto —*hygge, mysig, lagom* y *fika*—, hubo también un intento de despertar interés por el *sisu*, un concepto danés que alude a la resiliencia, la determinación y el aguante. Lo que se convirtió en el tema de miles de tazas motivadoras, adornos de pared, velas y ambientadores de varillas solo se diferenciaba en el lenguaje de las ideas que patrocinaba Grylls en sus múltiples libros. ¿Era posible que la industria del turismo, con esa adaptación a la mentalidad de los consumidores y ese suministro de fotos de la naturaleza —ya fuese con todo detalle como desde la segura distancia de una cabaña de madera o de un refugio—, estuviera reflejando la índole de nuestros miedos? ¿Acaso el contexto de las recurrentes crisis económicas y el peligro inminente que planteaba el cambio climático habían generado el deseo de renegar por completo de la vida moderna, y tal vez, incluso, de adquirir habilidades útiles en la realidad que se extendía más allá del horizonte de su colapso, a manos de un ludismo sintético y producido en masa? ¿Sería la economía de la experiencia una forma de ludificar nuestra desesperación y un intento de encontrar cierto aliciente novedoso en el hecho de depender de nuestros propios recursos para sobrevivir: *escape rooms*, cenas a oscuras, recolección de alimentos pagando, por mencionar algunos ejemplos?

Si en otros ámbitos de la vida la idea del gusto ha pasado a ser indisociable de la idea del ingenio y de los recursos, lo mismo podría decirse de la experiencia, a raíz de lo que parecía ser una creciente sensación de fatalidad y una conciencia mayor de nuestra mortalidad colectiva. Todo lo que constituyese una pérdida de tiempo se consideraba carente de gusto, mientras que todo lo que pudiera reportar un beneficio —ya fuese en relación con el bienestar, con la educación o con la creación de «nuevos recuerdos» (la divisa que daba la impresión de dictar ahora todo cuanto hacíamos)— se erigía en una nueva forma de lujo. Esta transformación del *ocio* en *experiencia* incluía el requisito de que dicha experiencia sirviera para mejorarnos o fuese memorable de algún modo. Al igual que gran parte del debate en torno a las tendencias culinarias populares, esto olvidaba la necesidad de definiciones anteriores y más tradicionales, cuando iba ligada a la diversión y a la renuncia de las responsabilidades laborales para quienes el trabajo representaba una pesada carga. La posibilidad de dedicar el tiempo libre a actividades con las que mejorar la mente, el cuerpo, el espíritu o el *feed* de Instagram no se identifican, una vez más, como un lujo reservado a los que disfrutan de una jornada razonable en entornos de trabajo relativamente tranquilos.

La clase correcta de ocio puede imponerse a todo el resto de las manifestaciones de gusto. Un hogar elegante, una moda discreta, una belleza natural, la capacidad de improvisar un menú saludable: todo ello palidece en comparación con ser una persona viajada; ni siquiera particularmente versada en una diversidad de culturas, sino con una nutrida colección de fotos adquiridas en sus visitas a estas culturas. Este es el empleo supremo del tiempo y del dinero, según la sabiduría popular, por encima de la diversión, la risa, el juego o el sueño; tanto es así que a menudo nos sentimos culpables por usar el tiempo de un modo que no sirva a ningún propósito más allá de la gratificación inmediata y las ganas de jugar. En esa insistencia en que todo el mundo ahora tenga una lista de cosas que hacer antes de morir y dedique el tiempo libre a ir tachándola hay una negación de los trabajos pesados y las penalidades. Hay una condena al hecho sencillamente de salir, tomar el sol, pasear sin rumbo, sentarse en el parque, leer durante horas o quedarse contemplando el cielo.

LOS MAESTROS DE LA IMAGEN

He coqueteado con la idea de abordar los dos ejemplos siguientes en otros momentos del libro —pues son relevantes para la moda, la belleza y la alimentación—, pero he optado por hacerlo aquí, hacia el final del libro, por lo que pueden contarnos sobre los sistemas de valor que rigen nuestra realidad. Cuando las apariencias son las dueñas y señoras, los ganadores son, cada vez más, quienes exhiben la pericia del *connoisseur*. A diferencia del experto o del maestro —versado en un campo concreto y con conocimientos profundos de una escuela específica o sobre un arte aplicada—, el *connoisseur* solo es ducho a la hora de interpretar y responder a tendencias y cambios particulares en las relaciones de poder entre personas, de tal modo que están siempre a la vanguardia de lo que sea que se juzgue como respetable y como una muestra legitimada de «buen gusto».

El primero de estos ejemplos se ha convertido en un icono de nuestra época, en la *Mona Lisa* de la era influencer, por así decirlo. Los siglos de *hype* exagerado, de mística y de teorías conspiranoicas que llevan a los visitantes a agolparse por millones en el Louvre cada año y contemplar boquiabiertos el cuadro original de Leonardo da Vinci se deben, en parte, a la resistencia que plantea la protagonista del retrato a cualquier categorización clara. Como la sociedad no estaba satisfecha con haber fiscalizado el cuerpo femenino durante miles de años, y con dictar la cantidad de carne que estaba permitido mostrar, se desarrolló paralelamente una teoría complementaria: que el misterio femenino podía ensalzarse ocultando cualquier emoción discernible. La sonrisa arcaica, que es el nombre que recibe en la escultura griega la tendencia a crear sonrisas tan sutiles y tan realistas que insinúen la posibilidad de una verdadera conciencia, fue la que Da Vinci aplicó a su sujeto. En ese contexto, no obstante, y en una época cristiana, con su disyuntiva de la feminidad —puta o virgen—, el efecto deja al público fascinado, no solo por sus proporciones realistas, sino por su desconcertante ambigüedad y por la insinuación de que esa mujer, por lo demás piadosa, podría perfectamente desatar el caos. Cinco siglos después, ese es el motivo por el que seguimos admirando boquiabiertos el cuadro, y también cualquier otro espectáculo de la feminidad —en la típica foto de la ficha policial, en la de un paparazzi o en la sala del tribunal— que eluda la simple categorización entre víctima perfecta o villana. Esa clase de fotos han pasado a difundirse de tal modo, se analizan y escudriñan hasta tal punto que han terminado por definir toda una era de la cultura pop y de la cobertura periodística del mundo del famoseo, mientras el público pregunta: *¿Va drogado/a?, ¿Ha abusado alguien de él/ella?, ¿Por qué ha terminado así?* Recordemos la imagen de Britney Spears embarcada en una rebelión y en un rechazo bastante comprensibles de la mirada masculina, o la afrenta personal de Lindsay Lohan contra los papás pervertidos del mundo cuando evolucionó más allá de sus expectativas como la chiquilla traviesa de las películas de Disney *Ponte en mi lugar* (2003) y *Tú a Londres y yo a California* (1998). Pero ninguna inspira más incredulidad en este sentido que Anna Sorokin, la falsa heredera que atrajo la atención de todo el mundo y motivó ríos de tinta cuando se la acusó de defraudar miles de dólares a inversores y conocidos, y que puso en evidencia, más que ninguna otra persona mencionada en este libro, las verdaderas dimensiones del delirio al que ha llegado la obsesión por el gusto y la imagen en nuestra cultura.

Siendo como era joven, y mujer y, por consiguiente, se deduce que cándida, amoldable y complaciente, Sorokin no encajaba en el perfil tradicional del estafador, lo cual dejó al mundo desconcertado. En las entrevistas desde la cárcel, tras su condena posterior, Sorokin afirmaba descaradamente que no era «una buena persona» porque, a fin de cuentas, ¿quién puede decir con seguridad que lo sea? Por todos estos motivos, era imposible no cruzarse con sus fotos, lanzando una mirada fría desde el otro lado de unas gafas enormes, a veces con lo que parecía el ceño fruncido, y otras, echando un vistazo por encima del hombro para sonreírle a alguien conocido en la sala del tribunal. A lo largo de todo el proceso, se examinaron y diseccionaron los modelos que lució Sorokin, pese a que consistieron básicamente en vestidos *babydoll* —uno blanco, uno negro, uno con estampado de piel de serpiente—, *choker* y bailarinas. Quizá no sea de extrañar, teniendo en cuenta la inverosimilitud del caso, junto con la falda corta y su acerado rechazo a mostrar ninguna emoción, que Sorokin —o al menos su imagen— fuese una especie de maná para internet, con su apetito inagotable por lo desconcertante. De ahí que, desde su puesta en libertad a principios de 2021, se haya convertido en un tótem, y es probable que su imagen se convierta en sinónimo de su época, como la de Patty Hearst con un rifle de asalto en los setenta.

La historia de Sorokin aborda los engaños, las dinámicas de la celebridad moderna, las relaciones públicas y la autopromoción, y los peligros enormes de un sistema en el que el capital y el crédito han pasado a ser abstractos. Pero es, sobre todo, la historia de cómo una mujer se aprovechó de la ridícula ansiedad por el estatus que rodea a asuntos como la condición del *connoisseur*, la información privilegiada, la experiencia, la imagen y el buen gusto, puesto que se movió hábilmente por el mundo del arte y la moda, cuya divisa se centra por entero en la actitud y en cuestiones de juicio estético.

La historia de Anna Sorokin, nacida en Rusia, aunque se trasladó más tarde a Alemania con su familia, empieza cuando se marcha a Londres para estudiar en la facultad de arte Central Saint Martins, que es el *alma mater* de Alexander McQueen, Stella McCartney y Gilbert & George. Deducimos de esta información que Sorokin poseía al menos unas mínimas dotes para el diseño. Sorokin no llegó a incorporarse, sin embargo; y, tras una corta estancia en Londres, volvió por un tiempo a Alemania, donde trabajó en una empresa de relaciones públicas. Poco después, llegó a París y entró como becaria en la revista francesa de moda *Purple*.

Es aquí, parece, donde Sorokin forjó su identidad falsa, la de Anna Delvey. Mientras que el padre de Sorokin conducía un camión y su madre regentaba un pequeño supermercado, el padre de Delvey era el presidente de un fondo de inversión multinacional de sesenta millones de dólares, al que recurría para sacarles favores a sus amigos ricos. Según el perfil de *The New York Times*: «El jurado fue informado con pruebas de que la señorita Sorokin había engañado a un amigo íntimo para que les pagara a ella y a otras dos personas unas vacaciones de lujo en Marruecos, y que había convencido al City National Bank para que soltara cien mil dólares, y al ejecutivo de una compañía de jets privados, de que la dejase volar a crédito. Asimismo, incurrió en deudas enormes en hoteles y restaurantes de lujo, que nunca llegó a pagar».[9]

En el punto culminante de su farsa, Sorokin había estado a punto de persuadir a un grupo de inversores para que alquilaran la histórica Church Missions House de Park Avenue, donde tenía pensado instalar una fundación de arte y una galería. Se había hecho con la colaboración de Gabriel Andrés Calatrava, que la ayudaría a rediseñar el espacio. Dice *The New York Times* que «el joven Calatrava declaró que estaba intentando hacerse un currículum cuando la señorita Sorokin le contó de sus planes para inaugurar un club privado que se llamaría ADF, las siglas de Anna Delvey Foundation. Afirmaba que sería algo parecido a la Soho House de Nueva York, pero con barra, discoteca y sala de exposiciones. Él accedió a diseñarlo [...]. El señor Calatrava contó que la señorita Sorokin se decidió por el 281 de Park Avenue South como sede del club, un edificio de seis plantas en la ciudad de Nueva York, con tejados de cobre y terracota, suelos de mosaico de mármol y vitrales. El proyecto ascendería a cuarenta millones de dólares. Emprendió las negociaciones con el propietario al tiempo que su abogado de entonces, Andrew Lance, buscaba apoyo financiero de fondos de riesgo y bancos, explicó la acusación. Uno de esos bancos, el City National, había rechazado ya la petición de la señorita Sorokin de un préstamo de veintidós millones de dólares porque no había podido determinar el origen de su riqueza».[10]

El ascenso de Sorokin se basó en su capacidad para desplegar a la perfección cierta manera de conducirse y ciertas formas de gusto. Para moverse por los mundos de los fondos de inversión, la moda y el arte en Nueva York, París y Londres no bastaba con la insinuación de riqueza, había que demostrar cierto capital cultural. O, para ser más exactos: esa demostración de capital cultural envolvía la mentira y aportaba una barrera de defensa añadida frente a posibles escepticismos y desconfianzas. Delvey se presentaba como una diletante europea, y hacía gala de unos conoci-

193

mientos básicos de música, moda, literatura y bellas artes. Su *feed* de Instagram recordaba al de innumerables influencers y *celebrities* de las redes sociales, con un perfecto equilibrio de fotos desde la ventanilla de un avión, referencias culturales (una obra de Barbara Kruger por aquí, una foto de la protoinfluencer Jane Birkin con su «novio», Serge Gainsbourg, por allá), alguna que otra imagen emotiva de atardeceres brumosos, canchas de tenis vacías y lluvia, el *skyline* de Nueva York, el *skyline* de París, unas hortalizas crudas maravillosamente dispuestas sobre una tabla de cortar, unas cajas blancas y enormes con los nombres de diversas firmas de moda impresos en letras de ébano *sans serif,* cuadros de Agnes Martin, gaviotas, pies. Según el relato que hace *Vanity Fair* del funesto viaje a Marruecos, en el que Sorokin no pudo aportar una tarjeta de crédito con la que pagar el hotel de lujo en el que se habían alojado, cosa que acabaría precipitando su caída: «Empezaba a caer la tarde del lunes, después de dos días enteros en el palacio amurallado de La Mamounia. Había llegado el momento de salir a explorar. Anna quería dos cosas: pilas de especias dignas de una foto de Instagram y un sitio en el que comprar caftanes marroquíes».[11]

Anna Sorokin nos fascina, por un lado, por lo extremado de su historia: esa convicción, esa seguridad y ese compromiso con una identidad falsa que a la mayoría de nosotros nos resultaría inconcebible. Pero lo fascinante, también, es que fuese tan prototípicamente *de su época*, con su énfasis en la vanidad. Puede que Anna Sorokin sea la encarnación más fiel hasta la fecha de una tendencia que ha fomentado —puede que incluso necesitado— la suplantación absoluta de la realidad por parte de las apariencias, donde ni siquiera los reiterados recordatorios de la realidad —como que te rechacen la tarjeta de crédito, o que dejes una y otra vez deudas sin saldar— pueden arruinar tu estatus y tu caché. El número de seguidores de Instagram, la lista de contactos del móvil, las relaciones públicas, los regalos de marcas de lujo, el conocimiento exhaustivo de cada menú y cada carta de vinos en

Nueva York, aludir a Serge Gainsbourg y Jane Birkin, dejar caer nombres de arquitectos y escritores famosos sin poseer ninguna comprensión real ni detallada de su obra, saber que una sudadera Supreme con unas mallas de yoga genera más dividendos que un abrigo de Celine (en las circunstancias adecuadas; y saber que ciertas circunstancias sí *reclaman* el abrigo de Celine) son prueba de ello. A pesar de las mentiras, de las deudas que acumuló por el camino, a pesar incluso de la temporada que pasó en la cárcel, Anna Sorokin es hoy en día alguien, y no se la puede despojar de eso. Hace poco estuvo dándoles una charla a los alumnos de la Harvard Business School, ha vendido cuadros y dibujos por valor de 340.000 dólares y, por lo visto, ha fichado para trabajar en una nueva docuserie (a raíz del éxito de *Inventing Anna*, un relato dramatizado de su historia, distribuido por Netflix, en el que no participó).[12]

Lo que nos lleva al documental *Sour Grapes* (2016) y a la historia de Rudy Kurniawan, que salió en libertad en 2020 después de cumplir seis años de los diez a los que fue condenado tras convertirse en el primer hombre en Estados Unidos al que procesaron por el delito de fraude vinícola. Con la venta de vino falso, que mezclaba en el fregadero de la cocina, Kurniawan, indonesio, se convirtió en una especie de rebelde en un mundo dominado por redes amiguistas y sólidas fortunas. Se calcula que vendía hasta 24,7 millones de dólares en vino por subasta, por lo que, cuando lo atraparon, el número de botellas falsas que había puesto en circulación debía de rondar las doce mil. Entre sus víctimas estaban el escritor Jay McInerney y el empresario multimillonario Bill Koch.

La base de clientes de Kurniawan, sin embargo, estaba en el norte de California, con su concentración de empleados de las tecnológicas forrados de dinero y capitalistas de cuello redondo, para los que ese toque *connoisseur* era primordial en la imagen de erudición despreocupada que proyectaban. El vino, como queda claro a lo largo de *Sour Grapes*, es una inversión fiable para la transmisión tanto de riqueza como de capital cultural: en cuanto que mercancía finita, con una producción cada vez menor, su valor monetario es abrumador —un caldo vintage de 1945 puede llegar a superar el medio millón de dólares—, pero hay, más allá de eso, un grado de erudición mundana semejante a la de un Dickie Greenleaf. Para los clientes de Kurniawan no bastaba con ser rico: uno debía exhibir también un criterio superlativo, un paladar refinado y una experiencia exclusiva. Aun después de haber sido estafado, Koch le muestra con orgullo al cámara del documental su colección de cuadros «impresionísticos» [*sic*], katanas y réplicas de esculturas grecorromanas, en lo que parece un intento algo desfasado, a la Trump, por alcanzar los mismos objetivos que sus contactos más jóvenes. Cuando la cultura enológica topa con un capitalismo irredento, los resultados son ridículos y distorsionados, y el origen de la fascinación va adquiriendo unas proporciones desmesuradas a medida que Koch nos guía por un parque temático del coleccionismo vinícola, con una bodega iluminada por réplicas de candelabros medievales y las paredes del baño hechas con cascos vacíos incrustados.

La iniciativa de Kurniawan hundió el precio de las colecciones de vino en todo el mundo, humilló públicamente a algunos de los especuladores más avariciosos de la explotación humana y expuso la farsa que sostiene su afición millonaria. Pero también hizo patentes las limitaciones éticas de un sistema penal en el que los bajos salarios endémicos y las condiciones de trabajo deshumanizadoras son aceptables, mientras que los incidentes aislados de oportunismo y explotación contra los ricos se castigan con mano de hierro. Kurniawan no tuvo la misma suerte que Sorokin: cumplió siete años de condena en prisión y fue repatriado a Indonesia tras su puesta en libertad. Lo que enlaza ambas historias, no obstante, más allá de la etiqueta característica de cada estafador, es que ambos se limitaron a hacer un ligero reajuste en las reglas estipuladas de dos sectores gobernados por la palabrería, el engaño, la manipulación de precios y las dotes escénicas. El crimen de Sorokin y de Kurniawan consistió solo en acatar demasiado bien la ley de las apariencias. En una economía regida por la imagen y los alardes de buen gusto, no podemos considerar sus historias algo anómalo o divergente, sino más bien ejemplar.

7

La abundancia

Solo lo útil o lo bello
(lo que «despierte alegría»).
Mírate al espejo y quítate un accesorio.
Menos es más.
Buena, sencilla y honesta.
No te lo vas a llevar al cielo.

La idea del buen gusto frente al mal gusto, al menos según la definición popular, nace del reflejo de juzgar todas las decisiones conforme a su capacidad de decodificar una serie muy particular de normas. Es una equivocación, cuando no directamente un autoengaño, que obvia las condiciones, complejas y materiales, que determinan los hábitos de consumo de unas personas en una situación absolutamente límite, a la que han llegado empujadas por un sistema capitalista degradante; eso por no mencionar que niega también la posible existencia de tensiones culturales y códigos visuales más allá de nuestra experiencia o conciencia inmediatas. Adscribirse a esas normas con la más mínima seriedad equivale a creer en la superioridad inherente de una experiencia cultural (la nuestra) frente a otras (las suyas), y recurrir a esas normas como justificación para remunerar a unos y empobrecer a otros es convertirnos en cómplices de ese sistema degradante. Cuando no en sus agentes y propagandistas declarados.

El capitalismo es un sistema que opera mediante la ilusión de escasez. A pesar de que hay viviendas, comida y recursos más que suficientes para que todo el mundo viva en la tierra digna y cómodamente, una minoría privilegiada acumula esos recursos e impone limitaciones falsas que obligan a la mayoría a depender de ella para sobrevivir, extrayendo unos beneficios cada vez mayores. Al comienzo de este libro, hablé de las dificultades que planteaba la definición de clase en una época de grandes corporaciones, economía de servicios, precariedad laboral y capitalismo rentista. Pero los tiempos presentes están tan aquejados por la avaricia y la crueldad de los ricos como lo estuvo el siglo XIX por la de los terratenientes y los dueños de las fábricas, cuyos equivalentes modernos son los directivos de las tecnológicas, los accionistas y los caseros que compran pisos para alquilar.

El capitalismo también evolucionó más allá de las tierras y los bienes, y con ayuda de la industria publicitaria y de las nuevas tecnologías de la información invadió y mercantilizó los ámbitos más abstractos y experienciales, de tal modo que nuestro tiempo libre, nuestras relaciones y hasta nuestros deseos más básicos se nos empezaron a presentar como finitos y escasos. Terminamos por ver el amor como si solo estuviese disponible para quienes encajaban en una concepción muy restringida de la belleza, cada vez más difícil de encontrar; y la vida en sí, como nada más que una cantidad de tiempo que se iba agotando y que debíamos «gastar bien», lo que se juzgaba siempre en relación con la urgencia de la muerte: ese enfoque a lo *cien lugares que hay que visitar antes de morir* que adoptó la industria turística moderna. La idea de escasez empezó a impregnar nuestras realidades emocionales, y, para eludir la acusación de estar exigiendo tal vez más de lo que merecíamos, la clase trabajadora aprendió a rebajar sus pretensiones y a reprimir sus deseos y su necesidad de libertad y de expresión. La habilidad a la hora de hacerlo era motivo de elogio, y, una vez que quedaron claras las recompensas económicas, también esta tendencia se tornó competitiva y desembocó en ridículas e insignificantes obsesiones.

Gran parte de lo que pasa por buen gusto en la actual situación puede interpretarse como una forma de justificar esta lógica de la escasez, haciendo que parezca hermosa, una aspiración, incluso. Amoldarse a estos códigos estéticos es un signo de complicidad con la fantasía del capitalismo y con su juego, y es aquí donde hacen acto de presencia los aforismos anteriores. La búsqueda del gusto, que está vinculada a la moderación, se convierte en una necesidad para prácticamente cualquiera que dependa de un trabajo asalariado: una forma de dar a entender que no pretendes desafiar el orden vigente ni la mitología que ha creado para protegerse. Estas normas acostumbran a transmitirse entre amigos, los programas de televisión y las redes sociales las repiten como loros, y convierten en enemigos al exceso y al caos: dos características que denotan supuestamente vanidad, avaricia y un superávit de deseos. En un contexto de sobreproducción desbocada, consumismo en masa y unas cantidades ingentes de desperdicios que están destruyendo el planeta y degradando todas las formas de vida que este contiene, no estaría de más pensar que la humildad que implican estas afirmaciones constituye una noble alternativa. Pero lo que está provocando este deterioro ecológico no son los consumidores que se ven obligados a comprar rápido y barato, ni esa persona que disfruta acumulando cosas y abarrotando su casa, sino el consumo inmenso y desmesurado de los superricos, y las grandes corporaciones que estos presiden, que impiden que la gente normal acceda a las cosas que necesita y la obligan a depender de la oferta del mercado generalista y de modelos de excedentes que generan una enormidad de desperdicios. El buen gusto, por el contrario, encuentra formas nuevas de justificar la desigualdad que él mismo promueve calladamente, integrando el lenguaje de la sostenibilidad, la salud y la responsabilidad de un modo que a menudo nos distrae de las fuerzas corporativas que intervienen.

Este es el caso, al menos de momento. Si bien ciertas ideas en torno a la humildad acostumbran a pervivir como símbolos de respetabilidad y buen gusto, lo cierto es que las tendencias cambian, y las variedades del gusto tenderán a diferir y a oponerse a lo que quiera que hubiese inmediatamente antes. De ahí que la respuesta no resida en tratar de fomentar formas de gusto alternativas, ya sean chillonas o llamativas, ni tampoco en fetichizar a la clase trabajadora de modo caricaturesco, nostálgico y trillado. Esto no solo sirve para parodiarla y denigrarla, haciéndole el juego a los déspotas de derechas, sino que genera modalidades nuevas de deseo consumista, que por su propia naturaleza deben perseguir siempre la supremacía y precisan, en último término, de la aprobación y la adopción por parte de los más poderosos.

Lo que interesa señalar es que, sea cual sea la noción de gusto imperante y popular en un momento determinado, esta siempre se presenta como absoluta e incontestable. Los epígrafes que he incluido al comienzo de cada capítulo se presentan como verdades universales, o se vinculan a unos ideales que parece compartir toda la humanidad: ideas sobre la alegría y la belleza, pero también sobre la sencillez y el sentido común. Ya se trate de la aristocracia del siglo XVIII, del industrial del XIX, del emprendedor y el hombre de negocios del XX, o del influencer y empleado de tecnológicas de principios del XXI, ese tópico reflejará siempre las condiciones necesarias para que la clase trabajadora acepte su subyugación y reprima sus propios deseos. Cuando confundimos estas preferencias estéticas, prefabricadas y heredadas, con alguna clase de virtud moral, justificamos los intereses de los más poderosos y permitimos que su dominio parezca inevitable, un don innato, incluso. Esto, sumado a la crueldad de las estrecheces económicas, viene a agravar la inseguridad de clase, la falta de autoestima y una constante ansiedad en torno a las opciones de consumo. Pero más profundo aún es el modo en el que este proceso legitima formas de desigualdad y de discriminación. En este sentido, el debate a propósito del gusto se asemeja a menudo al de las sagradas escrituras, y puede que, en una sociedad laica gobernada por el comportamiento de los consumidores, el gusto constituya en efecto una especie de religión. Como sistema de creencias, insinúa que existe una jerarquía de virtudes en relación con las distintas elecciones de consumo, pero al mismo tiempo somete esas elecciones a una fuerza que parece irrefutable, una fuerza que es imposible cuestionar recurriendo a la subjetividad o al sesgo. Siguiendo esta lógica, quienes tienen buen gusto merecen más cosas que los que no: un círculo vicioso en el que, con frecuencia, la insinuación de tiempo libre y la capacidad de estar al corriente de los valores y creencias cambiantes que sostiene la gente de buen gusto son también lo que determina cuán merecedora de estabilidad económica es una persona. Así las cosas, la idea de gusto hace que los privilegiados, con esa perspicaz comprensión de lo que parece «bueno», den la impresión de merecer más que los desposeídos por naturaleza.

Bajo la influencia de la economía visual, todo cuanto conocemos se ha simplificado, y la realidad material al completo ha quedado reducida a una cuestión de criterio. Tenemos un vivo ejemplo de ello en la nomenclatura que ha ido desarrollándose de la mano de esta nueva tecnología: en la transformación de los «hogares» en «espacios», de la «ropa» en «looks», de la «cosmética» en «belleza», de la «comida» en «bocados», y del «ocio» en «experiencia». Hay un salto de lo material a lo virtual y sensorial. Y lo encontramos también en la forma en que sucesos a los que antes se habrían atribuido consecuencias reales se ven ahora como una cuestión de pésimo criterio estético: la tendencia, por ejemplo, a definir los comentarios racistas que sueltan los políticos, y que sirven para legitimar la deshumanización de millones de personas, como una cuestión de «mal gusto».[1] La incredulidad con la que hemos seguido el ascenso de Donald Trump puede entenderse como un ajuste de nuestras funciones cognitivas a la toma absoluta del poder por parte del espectáculo, en el que ya nada parecería real ni parecería tener tampoco consecuencias reales.

Como he dicho antes, la inminente catástrofe climática y la insistencia en la sostenibilidad también se están idealizando. Si bien es cierto que renunciar a ciertos aspectos de una modernidad sintética significaría, por descontado, privarse de un sinfín de cosas vistosas y llamativas, a menudo se confunde lo simbólico con lo funcional. En el momento en el que estamos, el lenguaje de la moderación y del ingenio puede usarse para justificar una tendencia muy anterior al resurgimiento del interés por los métodos de producción y la sostenibilidad, y amenaza de hecho con socavar ambas cosas. El mensaje entre líneas que transmiten esos aforismos o tópicos que veíamos al comienzo del capítulo no es que la persona a la que se dirigen deba abstenerse por completo de gastar y de acumular, sino tan solo que debe reorientar sus impulsos hacia elecciones de consumo que se amolden mejor a unos estándares estéticos muy concretos. Un ejemplo perfecto es el de la moda del algodón. Pese a que los expertos en la materia insisten en que la energía y el consumo de agua necesarios para producirlo plantean un problema medioambiental tan serio como el tiempo de biodegradación de las fibras sintéticas, una camiseta blanca y lisa transmite un grado de responsabilidad y de ética de consumo que supera con mucho a otras alternativas. El ecologismo se resiente de la ludificación que implica tratar de recrear un ideal más rústico, que apela a una codiciadísima idea de la vida rural y la tradición.

En casi todos los ejemplos citados a lo largo de este libro, daría la impresión de que se nos recomienda abstenernos, cuando en realidad ese sentir lo ha expresado alguien que o bien pretendía vendernos algo, o bien estaba haciendo lo mismo por una cultura de consumo cuyos métodos de marketing se han vuelto extremadamente sofisticados. Alcanzar cualquiera de esos ideales sencillos y austeros que dicta el buen gusto conlleva invariablemente la compra de productos adicionales, ya sea en forma de nuevas soluciones de almacenaje, o de muebles que combinen, de ropa cara y bien confeccionada que no requiere de más adornos, de productos de belleza que creen la apariencia de un «brillo natural» que no precisa de maquillaje, de comida y suplementos saludables capaces de transformarnos desde dentro o de experiencias y excursiones organizadas que prometen ofrecernos algo más profundo y revelador que una posesión material, sin importar la huella de carbono que dejen tras de sí.

Puede que la intención del gran reformista socialista William Morris fuese llenar de belleza y dignidad las vidas de la clase trabajadora, pero con la apropiación por parte de almacenes generalistas ha quedado reducido a un influencer cuyas palabras se usan para legitimar justo lo que él atacaba: que los más pobres no puedan acceder a la belleza, la abundancia y el placer estético. A Morris seguramente le daría vergüenza ver que sus populares diseños se reproducen y se venden en grandes almacenes como John Lewis a un precio que excluye a la mayor parte de la gente trabajadora.

Puede que Coco Chanel no sea la autora directa de esa marca de lujo absurdo en la que se ha convertido su firma de moda epónima, pero fue no obstante una vendedora que comerciaba principalmente con los industriales ricos y la aristocracia. Marie Kondo ha vendido su filosofía de la mínima acumulación, conocida como el «método KonMari», por una cifra del orden de varios millones de dólares, pese a que ella misma abandonó ese enfoque tras el nacimiento de su primera hija. «Tengo la casa desordenada —le contó al *The Washington Post* en 2023, después de años sermoneándonos por la dejadez con la que llevábamos supuestamente nuestras vidas—, […] pero estoy empleando el tiempo de la manera correcta para mí en esta fase de mi vida».[2]

La realidad es que nuestro mundo es un torbellino de cosas, y que no podremos salvarlo mientras los sistemas capitalistas actuales sigan vigentes. No lo salvará hacer cambios en los hábitos de consumo. Mientras sigamos manteniendo esta lógica y contribuyendo a una cultura aspiracional y de deseo consumista, y mientras nuestras vidas se sigan centrando en perfeccionar el arte de comprar, de arreglarnos o de perpetuar cierto estilo de vida —en el proyecto de vivir en un hogar perfecto, compuesto de muebles y acabados aparentemente sostenibles, y de reunir un guardarropa perfecto con prendas presuntamente éticas—, estaremos ayudando a mantener con vida esos sistemas antiguos. Si en verdad quisiéramos hacer cambios enfocados hacia una realidad mejor y colectiva, sería necesario escapar del consumismo, salir de la pantalla, y también empezar a considerar los objetos y experiencias más allá de lo que denoten en términos sociales. Esto supondría desvincularse de algún modo de las formas sistematizadas de aprobación que facilitan las tecnologías actuales, y aprender a amar la forma en que funciona un objeto y el valor que pueda haber acumulado a lo largo de décadas de uso y de recuerdos asociados, pero aprender también a disfrutar de un hallazgo por sí mismo, sin más parafernalia. Si queremos empezar a tomarnos nuestro mundo más en serio, primero debemos dejar de reducir sus innumerables riquezas a oportunidades de incrementar nuestro propio, hiperindividualista y abstracto capital cultural: la imagen o identidad mercantilizable que proyectamos al mundo. Cómo podríamos poner esto en práctica es tema para otro libro, pero tal vez un primer paso sería prescindir siempre que fuera posible de las tiranías que he descrito aquí y que nos hacen a todos la vida imposible —incluso a quienes dominan el arte del consumismo y el ocio— porque nunca dan tregua. Una vez más, y quiero insistir: esto no significa que haya que abrazar ninguna clase de «mal gusto» o de horterada como alternativa, cosa que solo sirve para reforzar la existencia de ese tipo de binarismos y generar en los deseos de los consumidores nuevas tendencias y tensiones que acaban siendo tan pobres y perniciosas como las que reemplazaron.

Porque, como mostraban nuestros amigos Frasier y Niles, ni siquiera los ganadores en esta economía de los diplomas y las apariencias profesionales se libran jamás de la ansiedad y del miedo que engendra un sistema de competitividad intensa e implacable, y esto se extiende también a otras formas de capital cultural, como el carisma, la relevancia o la popularidad. «Trauma» es una palabra de cuyo uso se abusa, pero también es la más apropiada aquí para describir la tristeza sutil, y sin embargo profunda, de tener que estar siempre esforzándonos y dudando de nuestro propio criterio por culpa de esa aprobación imprescindible en una economía de las apariencias y las impresiones.

En este sentido, y sabiendo perfectamente lo estrambótica que habría resultado esta afirmación antes de leer el libro, la obsesión por el gusto constituye una forma de violencia, y puede que todos seamos culpables de perpetrarla de vez en cuando, ya que se nos motiva a ejercer cualquier poder que esté a nuestro alcance. Y es una violencia que, en último término, nos hace daño a todos: condenados, para colmo de males, a vivir nuestros pocos años en este planeta no solo bajo el peso de la precariedad y las dificultades económicas, sino en casas exclusivamente grises y austeras, vestidos con ropa funcional que nos permita pasar inadvertidos en los círculos correctos y contar así con las máximas probabilidades de supervivencia, alimentándonos de comida fetichizada por su sencillez y frugalidad, reduciendo todo un mundo de posibilidades infinitas a listas de cosas por hacer antes de morir, y ceñirnos a ellas a costa de dejar de hacer lo que nos apetezca en cualquier momento. Nos arriesgamos a perder la oportunidad de conocer a personas con las que podríamos tener algunas de las relaciones más importantes de nuestra vida por miedo a que unas deportivas o una mochila cuestionables nos contagien no se sabe cómo. Es un rechazo ridículo y fuera de lugar, que conviene desechar cuanto antes, a no ser que estemos encantados de culminar la obra del capitalismo y destruir hasta el último pequeño placer que nos quede aún en la tierra.

VENTANAS ROTAS

En un homenaje final a la maravillosa Merle Oberon, que vivió y prosperó a pesar de la presión por encajar en un ideal hollywoodiense, mientras escribía este libro hice una visita al pueblo de Haworth, en Yorkshire, donde vivieron y trabajaron las hermanas

Brontë. En el Brontë Parsonage Museum, y protegidos en una vitrina, vi algunos artículos del guardarropa de Charlotte Brontë, que, dado que fue la que más éxito tuvo en vida, y la única que gozó realmente del estatus de celebridad literaria, disfrutó también del lujo de comprar. Entre los bonitos vestidos, parasoles y mocasines expuestos para mostrar su grado de sofisticación y elegancia —y corregir de paso este mito salido de la televisión y del cine que pinta a las Brontë como un clan gótico y apagado—, topé con un objeto que capturaba muchos de los temas que me interesaban y sobre los que quería escribir. Era la «capota fea», un accesorio popular entre las mujeres acomodadas de mediados y finales del siglo XIX, que consistía en una especie de acordeón de tela que se colocaba encima de la capota de costumbre para protegerla de la lluvia. Se la llamaba así porque su funcionalidad daba al traste con la elegancia sencilla de la moda femenina de la época. Sin embargo, la «fea», como acostumbraba a acortarse, se puso tremendamente de moda, a la manera del esmoquin en el siglo XIX, como ya hemos visto, y de los cambios paradójicos que se estaban produciendo en torno a la moda de la época, en la que los artículos más deseados solían ser los que traicionaban las expectativas tradicionales de riqueza y belleza. Casi nos imaginamos a Charlotte dejando caer en la conversación su «fea» como si tal cosa, y a las hermanas, obligadas a preguntarle: «¿Tu qué?», y repitiendo luego el nombre para sí con incredulidad.

A *Cumbres borrascosas* (1847) y, en menor medida, a *Jane Eyre* (1847), se las acusa con frecuencia de mal gusto, pues cierta gente en los círculos literarios las ha tachado de sentimentaloides, posrománticas, *chick-lit* victoriana a la que no valía la pena prestar especial atención. Sin embargo, y sin tener que apelar siquiera al talento narrativo de ambas, ni al experto manejo de tantas cosas que, en mi opinión, hacen de la narración algo estupendo y cautivador (la falta de fiabilidad de los chismes y la fascinación de la ansiedad por el estatus que abordan ambos libros), me conformo con decir, tras presentar mis argumentos a lo largo de tantas páginas, que adoro ambas novelas, y con concluir analizando un texto, y su adaptación cinematográfica, que muy probablemente inspire aborrecimiento entre mis detractores.

Como he explicado ya, la interpretación de Merle en la adaptación de *Cumbres borrascosas* de 1939 me dejó obsesionada la primera vez que la vi: la expresión atribulada de una actriz en deuda con la teatralidad excesiva del cine mudo, tal vez, y en concreto sus ojos, tensos y expresivos, imprimieron en mí un mensaje sobre las repercusiones de la movilidad social y la superación personal. En Haworth, paseando por los páramos con mi amiga Joanne, llegamos a la conclusión de que *Cumbres borrascosas*, la novela, trata en realidad de ambas formas de violencia: la física y manifiesta, y otra, integrada sutilmente en las nociones de buen gusto y respetabilidad. En la oscilación entre pasado y presente del libro, hay una lucha entre la naturaleza rebelde de los jóvenes Catherine y Heathcliff, y la imponente crueldad de la sociedad que los absorbe más tarde a ambos. Existen muchos análisis económicos acerca de la novela, pero son las normas sociales específicas y los usos culturales contiguos a ese relato económico los que me interesan. Los Earnshaw, la familia a la que pertenece Catherine, no son pobres, a fin de cuentas, pero, como los Soprano siglo y medio después, su riqueza es precaria, y corren el peligro de perderla si dan un paso en falso, socialmente hablando.

La historia de *Cumbres borrascosas* gira en torno a una escena en la que pillan a Catherine y a Heathcliff espiando por la ventana de una mansión cercana, la Granja de los Tordos, propiedad de la rica y respetable familia Linton. En el libro, cuando Heathcliff le relata el incidente al ama de llaves, Nelly Dean, describe el hogar como elegante, refinado, en consonancia con las modas de interiorismo de la época: «Un lugar espléndido con alfombras carmesíes, y sillas y mesas forradas de carmesí, y un techo blanquísimo con cenefa de oro, y en el centro una lluvia de gotas de cristal que colgaban de cadenas de plata y relucían a la luz de los cirios». Es un contrapunto deliberado de la casa de Cumbres Borrascosas, que se presenta como oscura, desordenada y, como si fuese un personaje del libro, rebelde y descuidada. A pesar de su esplendor, entre los habitantes de la Granja de los Tordos reina la confusión, y Catherine y Heathcliff son testigos de la discusión entre los dos hijos, herederos de la casa, por la posesión de un perrito. Pero, en el equivalente cinematográfico de esa escena, lo que tiene lugar dentro de la Granja de los Tordos es un baile suntuoso en el que giran y charlan un montón de personas ricas.

Merle le aporta a la escena una desesperación y una tristeza añadidas haciendo que Catherine no deje de recolocarse para conseguir un mejor ángulo de los invitados, y los contemple con una alegría que raya en lo maniaco. Después de ver cómo bailan por todo el salón, y de señalar el tipo de vestido que llevaría ella y el tipo de abrigo que mejor le sentaría a Heathcliff, se vuelve hacia su acompañante y con una voz anhelante y rasposa, habitual en las actrices de cine de la época, le dice: «Oh, Heathcliff, ¿lo haremos?, ¿lo haremos tú y yo algún día?».

Para evitar que los vean, Catherine se agacha entre unos arbustos bajo la ventana, y el ruido alerta a los perros guardianes, que persiguen a la pareja hasta los límites de la finca, donde los dueños los acaban atrapando y regañando.

A Catherine pasa a abrazarla ese mundo atisbado por la ventana, mientras que Heathcliff dedica el resto de sus días a perturbarlo. La escena no solo es crucial para el relato de *Cumbres borrascosas*, sino también, por los cambios sociales que describe, para el nuestro. A juzgar por las trayectorias de los dos personajes principales de la novela, da la impresión de que las únicas opciones disponibles para las clases bajas serían perseguir ese estilo de vida escalando paso a paso, tratando de convencer a las clases altas por medio de serviles intentos de imitación, reprimiendo los propios deseos y la autoexpresión, como hace Catherine, y dejar que este proyecto los absorba por completo, avergonzados de todo cuanto conocieron o fueron antes; o, como hace Heathcliff, desdeñarlo con un odio que no hace más que contaminarlo a sí mismo.

Pero quizá haya una tercera opción, aunque no le sirva de gran cosa a aquella novelista gótica del xix: no dejarnos afectar por ninguno de los juicios implícitos en este espectáculo, alejarnos de la ventana y no volver a mirar atrás, comprender que todos representamos para alguien una imagen igualmente privilegiada, resistirnos a cualquier impulso que podamos sentir de enarbolar los indicadores de nuestra relativa inteligencia, grado de integración, riqueza o predominio social con el fin de consolarnos.

Las ventanas son un símbolo poderoso a lo largo de *Cumbres borrascosas*: se presentan como puntos de entrada, pero, sobre todo, como barreras excluyentes. Se emplean para señalar el lugar —dentro o fuera— al que pertenecen los personajes; en particular en esa escena desgarradora, al inicio de la novela, en la que el espectro de Catherine llama a la ventana del dormitorio de Cumbres Borrascosas, pidiendo que la dejen regresar. Como descubrirá Catherine más tarde, en su forma corpórea, el mundo en la mansión Linton es muy distinto del que contempló desde aquella ventana, que era tan solo un diorama, o una vitrina.

Hoy en día, nuestros mundos sociales se extienden un poco más allá del pie de la ladera, y nuestro ámbito privado está desperdigado virtualmente. Pero la historia ilustra una tendencia que empezaba a asomar ya a principios del siglo xix, junto con las oportunidades de desarrollo personal que estaban surgiendo: la de respirar entrecortadamente con la nariz aplastada contra la pantalla de cristal de otra vida que se diría que es, como mínimo, mucho menos fea que la nuestra.

Agradecimientos

Este libro estuvo a punto de no escribirse. Que se escribiera, y que ahora tú lo tengas en las manos, es gracias a Women's Aid y a Refuge. Espero que esto sirva para ilustrar el carácter transformador de su trabajo, porque hubo momentos en los que apenas podía reunir el valor de salir por la puerta, no digamos ya de escribir con seguridad sobre mis ideas. Si te sobran unas libras, considera la posibilidad de donárselas, por favor.

Las épocas difíciles, sin embargo, refuerzan ciertos vínculos, y hay muchos amigos y seres amados a los que debo darles las gracias. En primer lugar, a mi madre, Selina, y a mi padrastro, Peter, por ser mi única constante. A Francisca, la terapeuta que logró dispersar las crueldades obstinadas del sistema de educación pública de los noventa (¡!). A mis amigos y vecinos Hamish, Alex y Grace. A Sophie P., por la intuición y la amistad constante. A Joanne, por las conversaciones a medianoche y los largos paseos por los Yorkshire Dales. A Camilla, por las risas inagotables y por recordarme lo importante que es que las mujeres salvaguarden su imaginación. A Lumi y a sus chicos, por su eterna hospitalidad. A Lou y a Ally, por tantas cenas y juegos. A Rachael y a Sophie C., por su solidaridad y sabiduría. A Leonie, por las aventuras. A Becky, por la historia del arte y por sus valiosísimos audios. A Shon, por la amabilidad y por ese ingenio natural que reluce hasta en el más gris de los inviernos de South London. A Francisco, Lolly, Stan, Matty y Ryan, por el cuestionario semanal. A Sahil, por sus consejos mesurados y su buen criterio. A Lauren, por las risas. A Nina, por ser Nina. Os quiero a todos y guardaré por siempre como un tesoro el apoyo que me habéis prestado.

Por último, debo darle las gracias a mi agente, Emma, y a su asistente, Monica, así como a Sharmaine y a Hannah, de Dialogue Books.

Notas

1. LOS HACEDORES DEL GUSTO

1   Caitlin Johnson, «Dolly: I wanted to grow up to be "trash"», CBS News [sitio web], 20 de diciembre de 2006, <cbsnews.com/news/dolly-i-wanted-to-grow-up-to-be-trash>.

2   «Y, aunque a algunos tal vez les emocione el rugby, a otros les encantó echar un vistazo al interior de su sala de estar, en particular porque no era lo que muchos esperaban. "¡¡¡¿Alguien más ha hecho zoom para intentar fisgonear en su salón?!!!", preguntaba una persona, mientras que otra comentaba: "¡Me encanta ver que tienen el cuarto de la tele tan patas arriba como cualquiera!"». Dusty Baxter-Wright, «Princess Anne's living room is surprising people», *Cosmopolitan*, 10 de febrero de 2021, <https://www.cosmopolitan.com/uk/lifestyle/interiors/a35468630/princess-annes-living-room-surprising-reactions>.

3   Ashley Mears, *Pricing Beauty. The Making of a Fashion Model*, Berkeley, 2011, p. 75.

4   MG Siegler, «Eric Schmidt: Every 2 days we create as much information as we did up to 2003», *TechCrunch* [sitio web], agosto de 2010, <tcrn.ch/bm9a2Q>.

5   Guy Debord, *Society of the Spectacle*, Buchet-Chastel, 1967, p. 2. [Hay trad. cast.: *La sociedad del espectáculo*, trad. de José Luis Pardo, Valencia, Pre-Textos, 2005].

2. Los hogares

1 Deyan Sudjic, *La arquitectura del poder. Cómo los ricos y poderosos dan forma al mundo*, Barcelona, Ariel, 2005.

2 Peter York, «Trump's dictator chic», *Politico Magazine* [online], marzo-abril de 2017, <politico.com/magazine/story/2017/03/trump-style-dictator-autocrats-design-214877>.

3 Olivia Laing, *La ciudad solitaria*, Madrid, Capitán Swing, 2016.

4 Estadísticas de empleo del Creative Industries Council, diciembre de 2019, actualizado en febrero de 2021, <https://www.thecreativeindustries.co.uk/facts-figures/uk-creative-overview-facts-and-figures-employment-figures>.

5 Pierre Bourdieu, *Distinction. A Social Critique of the Judgement of Taste*, publicado originalmente en Francia en 1979, Routledge, 1984, p. 259. [Hay trad. cast.: *La distinción. Criterio y bases sociales del gusto*, trad. de M.ª del Carmen Ruiz de Elvira, Barcelona, Taurus, 2015].

6 *Ibid.*, p. 277.

7 *Ibid.*

8 Lynsey Hanley, *Respectable. Crossing the Class Divide*, Penguin, 2017, p. 16.

9 Anne Helen Peterson, «The company that branded your millennial life is pivoting to burnout», *Buzzfeed*, 8 de octubre de 2019, <https://www.buzzfeednews.com/article/annehelenpetersen/millennial-burnout-startup-gin-lane-pattern-equal-parts>.

10 Lisa Abend, «How Kinfolk magazine defined the millennial aesthetic... and unraveled behind the scenes», *Vanity Fair* [online], 19 de marzo de 2020, <https://www.vanityfair.com/style/2020/03/how-kinfolk-magazine-defined-the-millennial-aesthetic-and-unraveled-behind-the-scenes>.

11 Debord, *op. cit.*, p. 155.

12 Peter York, «Trump's dictator chic», *Politico Magazine* [online], marzo-abril de 2017, <politico.com/magazine/story/2017/03/trump-style-dictator-autocrats-design-214877>.

13 Debord, *op. cit.*, p. 135.

3. LA MODA

1   Ryan Estrada, «I'm sorry, I accidentally invented Normcore», *Medium. com*, 22 de noviembre de 2014, <medium.com/@ryanestrada/ im-sorry-i-accidentally-invented-normcore-42e4f34732af>.

2   Lauren Sherman, «A swan song for the philophiles», *The Business of Fashion*, 1 de octubre de 2018, <https://www.businessoffashion. com/articles/luxury/a-swan-song-for-the-philophiles>.

3   Ignas Kalpokas, «Reseña: The quirks of digital culture, de David Beer», *The London School of Economics and Political Science* [blog], 22 de marzo de 2020, <https://blogs.lse.ac.uk/usappblog/2020/ 03/22/book-review-the-quirks-of-digital-culture-by-david-beer>.

4   Gene Marks, «The newest —and grossest— employee perk? Shoeless offices», *The Guardian,* 12 de diciembre de 2019, <https://www.theguar dian.com/business/2019/dec/12/shoeless-offices-employee-perks>.

4. LA BELLEZA

1   Eva Illouz, *The End of Love. A Sociology of Negative Relations, Polity*, 2021, p. 205. [Hay trad. cast.: *El fin del amor. Una sociología de las relaciones negativas*, trad. de Lilia Mosconi, Buenos Aires-Madrid, Katz, 2020].

2   Phillipa Snow, *Which as You Know Means Violence*, Repeater, 2022, p. 59.

3   Andrew Lawrence, «"She had to hide". The secret history of the first Asian woman nominated for a best actress Oscar», *The Guardian*, 7 de marzo de 2023, <theguardian.com/film/2023/mar/06/mer- le-oberon-oscars-best-actress>.

4   Brid Costello, «Kate Moss. The waif that roared», *Women's Wear Daily*, 13 de noviembre de 2009, <https://wwd.com/feature/kate- moss-the-waif-that-roared-2367932-1410207>.

5. LA COMIDA

1   Kate Bratskeir, «12 ways not to spend your entire life savings at the Whole Foods salad bar», *Huffington Post UK* [online], 7 de diciembre

de 2017, <https://www.huffingtonpost.co.uk/entry/whole-foods-salad-bar-win-it-you-can_n_5844160>.

2   Manohla Dargis, «The trouble with Blue is the warmest colour», *The New York Times* [online], 27 de octubre de 2013, <https://www.nytimes.com/2013/10/27/movies/the-trouble-with-blue-is-the-warmest-color.html>.

3   S. Wilkinson, «Blue is the warmest colour gets its very own on-point parody», *Grazia*, 2 de junio de 2021, <https://graziadaily.co.uk/interiors/decoration/blue-warmest-colour-gets-point-parody>.

4   Michael James Walsh y Stephanie Alice Baker, «What is emotional labor, and how do we get it wrong?», *The Conversation* [online], 11 de julio de 2022, <https://theconversation.com/what-is-emotional-labour-and-how-do-we-get-it-wrong-185773>.

5   Owen Hatherley, *The Ministry of Nostalgia. Consuming Austerity,* Londres, Verso, 2017, p. 24.

6   Tori Brazier, «Jamie Oliver felt "threatened by food industry" while making Sugar Rush», *Metro* [online], 10 de marzo de 2022, <https://metro.co.uk/2022/03/10/jamie-oliver-felt-threatened-by-food-industry-while-making-sugar-rush-16249004/>.

7   Olivia Blair, «Nigella Lawson says she's "disgusted" by the term "clean eating"», *The Independent* [online], 9 de octubre de 2015, <independent.co.uk/news/people/nigella-lawson-says-she-s-disgusted-by-the-term-clean-eating-a6687731.html>.

8   Dan Hancox, «The battle over bread», *Prospect* [online], 15 de julio de 2019, <https://www.prospectmagazine.co.uk/essays/42795/the-battle-over-bread>.

9   Doris Lessing, *Memoirs of a Survivor,* Octagon Press, 1976, p. 20. [Hay trad. cast.: *Memorias de una superviviente,* trad. de Mireia Bofill, Barcelona, Debolsillo, 2007].

6. El ocio

1   Evelyn Waugh es el otro gran maestro del tema, y la adaptación televisiva de *Retorno a Brideshead* que se hizo en los ochenta,

protagonizada por Jeremy Irons, es cita obligada para cualquiera interesado en los retratos de la clase ociosa.

2 «Este segundo factor enfrent[a], dentro de cada fracción, a los que han accedido hace mucho tiempo a la burguesía y a los que acaban de llegar a ella, es decir, a los advenedizos y a los que tienen el privilegio de los privilegios, la antigüedad en los privilegios; aquellos que han adquirido su capital cultural mediante la frecuentación precoz y normal de objetos, gentes, lugares y espectáculos selectos y "distinguidos", y aquellos que, al deber su capital a un esfuerzo de adquisición estrechamente tributario del sistema escolar o conducidos al azar a unas ocasiones autodidácticas, tienen con la cultura una relación más seria, más severa, e incluso más crispada». Bourdieu, *op. cit.*, pp. 261-262.

3 Geoff Dyer, *Yoga for People Who Can't Be Bothered To Do It*, Edimburgo, Canongate, 2012. [Hay trad. cast.: *Yoga para los que pasan del yoga*, trad. de Cruz Rodríguez, Barcelona, Penguin Random House, 2012].

4 Geoff Dyer, «On my radar. Geoff Dyer's cultural highlights», *The Guardian*, 30 de septiembre de 2018, <https://www.theguardian. com/culture/2018/sep/30/on-my-radar-geoff-dyer-burning-man-the-necks-luigi-ghirri>.

5 «En el mundo pre y pos-covid, disfruto de viajar, y ando siempre planeando la siguiente aventura, ya sea una ruta a pie por Austria o un Tough Mudder. También me gusta pintar y dibujar cuando tengo ocasión. Por suerte, Deloitte promueve el equilibrio entre vida y trabajo, lo que me permite practicar mis hobbies» («Deloitte careers. The new world of cyber. Sanya's story», <www2.deloitte.com/uk/en/pages/careers/articles/the-new-world-of-cyber-sanyas-story.html>).

6 Richard Partington, «My secret life. Bear Grylls, adventurer, 35», *The Independent*, 1 de mayo de 2010, <https://www.independent.co.uk/news/people/profiles/my-secret-life-bear-grylls-adventurer-35-1958216.html>.

7 Ben Dowell, «What's on TV and radio tonight. Tuesday, November 15», *The Times*, 15 de noviembre de 2022, <https://www.thetimes.com/article/what-s-on-tv-and-radio-tonight-tuesday-november-15-c73ktlgbt>.

8   Anna Altman, «The year of hygge, the danish obsession with get-
    ting cosy», *The New Yorker,* 8 de diciembre de 2016, <https://www.
    newyorker.com/culture/culture-desk/the-year-of-
    hygge-the-danish-obsession-with-getting-cozy>.

9   «Fake heiress who swindled New York's elite is found guilty», *The
    New York Times*, 25 de abril de 2019, <https://www.nytimes.
    com/2019/04/25/nyregion/anna-delvey-sorokin-verdict.html>.

10 «A fake heiress called Anna Delvey conned the City's wealthy. "I'm
    not sorry", she says», *The New York Times*, 5 de octubre de 2019,
    <https://www.nytimes.com/2019/05/10/nyregion/anna-delvey-
    sorokin.html>.

11 Rachel Deloache Williams, «"As an added bonus, she paid for
    everything". My bright-lights misadventure with a magician of Man-
    hattan», *Vanity Fair*, 13 de abril de 2018, <https://www.vanityfair.
    com/news/2018/04/my-misadventure-with-the-magician-of-
    manhattan>.

12 Jordan Hart y Jacob Shamsian, «Infamous fake German heiress
    Anna Sorokin wins contempt case against ex-lawyer after landing
    guest speaking gig with Harvard MBA students», *Business Insider*,
    26 de febrero de 2023, <https://www.businessinsider.com/an-
    na-sorokin-speak-harvard-mba-students-2023-2>.

7. LA ABUNDANCIA

1   «En cuanto a esas referencias, tan frecuentemente citadas, a los "con-
    guitos" y las "sonrisas de sandía", puede que las palabras de Johnson
    fuesen de mal gusto, pero eran claramente satíricas y se ha hecho
    una montaña de un grano de arena», A. Gilligan, «You've got the
    wrong Boris», *The Guardian*, 4 de septiembre de 2007, <https://
    www.theguardian.com/politics/2007/sep/04/london.conservati
    ves>.

2   Jura Koncius, «Marie Kondo's life is messier now — and she's fine
    with it», *The Washington Post*, 26 de enero de 2023, <https://www.
    washingtonpost.com/home/2023/01/26/marie-kondo-kurashi-
    inner-calm/>.

Índice alfabético

«Para viajar lejos no hay mejor nave que un libro».

EMILY DICKINSON

Gracias por tu lectura de este libro.

En **penguinlibros.club** encontrarás las mejores recomendaciones de lectura.

Únete a nuestra comunidad y viaja con nosotros.

penguinlibros.club

 penguinlibros